Clínica da Pulsão
– as impulsões

Diana S. Rabinovich

Clínica da Pulsão
– as impulsões

TRADUÇÃO
André Luis de Oliveira Lopes

EDITOR
José Nazar

Companhia de Freud

Copyright © *Ediciones Manantial*

TÍTULO ORIGINAL
Una Clinica de la pulsión: las inpulsiones, 1989

Direitos de edição em língua portuguesa adquiridos pela
EDITORA CAMPO MATÊMICO
Proibida a reprodução total ou parcial

EDITORAÇÃO ELETRÔNICA
FA - Editoração Eletrônica

TRADUÇÃO
André Luis de Oliveira Lopes

REVISÃO
Darlene V. G. Gaudio

EDITOR RESPONSÁVEL
José Nazar

CONSELHO EDITORIAL
*Bruno Palazzo Nazar
José Nazar
José Mário Simil Cordeiro
Maria Emília Lobato Lucindo
Teresa Palazzo Nazar
Ruth Ferreira Bastos*

Rio de Janeiro, 2004

FICHA CATALOGRÁFICA

R116c
Rabinovich, Diana S.
   Clínica da Pulsão – as impulsões / Diana S. Rabinovich ; tradução: André Luis de Oliveira Lopes ; editor: José Nazar. – Rio de Janeiro : Companhia de Freud, 2004.
   103 p. ; 23 cm
   Inclui bibliografia
   ISBN 85-85717-72-6

   1. Psicanálise. I. Nazar, José. II. Título

CDD-150.195

Companhia de Freud
editora

ENDEREÇO PARA CORRESPONDÊNCIA
Rua da Candelária, 86 - 6º andar
Tel.: (21) 2263-3960 • (21) 2263-3891
Centro - Rio de Janeiro
e-mail: ciadefreud@ism.com.br

Índice

Apresentação 7
Primeira conferência 9
Segunda conferência 35
Terceira conferência 49
Quarta conferência 67
Quinta conferência 83
Referências bibliográficas 99

Apresentação

Retroativamente, tornou-se claro para mim que estas conferências, dedicadas especialmente à função do mais-de-gozar em sua relação com a pulsão e o desejo, tinham como eixo, além do interesse próprio destes conceitos, um problema clínico freqüente para aqueles que praticam a psicanálise, inclusive para todos aqueles que devem enfrentar a demanda de um sujeito cujo sofrimento se apresenta de forma vaga, imprecisa e que se tende a não sustentar por esta mesma razão. Duas descrições clínicas "clássicas" são aqui trabalhadas em sua articulação: as caracteropatias e as impulsões. Umas parecem assintomáticas; outras, como por exemplo a bulimia, são fáceis de definir a partir de um critério externo, obesidade por exemplo, elidindo, desse modo, a demanda subjetiva em jogo. Acreditamos poder formular, nesse percurso, como ambas nos indicam a presença de uma certa satisfação pulsional que obstaculiza e freia o trabalho clínico com aqueles que se apresentam dessa forma, precisamente enquanto inibe o desdobramento do desejo e da transferência. Por esta razão podemos, *après-coup,* designar as impulsões e, parcialmente, as caracteropatias como algumas das formas em que a pulsão se faz presente na clínica, formas cuja investigação está aqui esboçada.

Excluímos deste volume a última conferência dedicada ao conceito de caráter em Freud, cuja primeira parte apareceu na revista *Escansión, Nueva Serie,* Nº 1, estando prevista a publicação da sua segunda e última parte no segundo número da próxima edição.

Queria agradecer a colaboração que me ofereceu Diana Chorne no estabelecimento do texto dessas conferências a partir das transcrições, as quais quiçá teriam, de outro modo, permanecido como tais.

I

O tema dessas reuniões, tal como está formulado no título, "Pulsão, desejo e mais-de-gozar" é, obviamente, muito ambicioso, e não poderemos esgotá-lo. Minha idéia é, antes, realizar algumas pontuações que se situam no contexto do curso que dei sobre o conceito de objeto em psicanálise, cuja primeira parte já foi publicada, e cuja segunda parte, espero, sairá num futuro próximo; segunda parte na qual tratei o problema da causa do desejo. Ficava então pendente o tema do conceito de mais-de-gozar em sua articulação com o objeto *a*, vale dizer, a articulação entre o gozo e o objeto *a*.

O eixo do que é minha intenção desenvolver ao longo destas aulas é, então, o conceito dessa função — termo que deve ser tomado em sua acepção matemática moderna — que Lacan batizou "mais-de-gozar". Se prefiro referir-me a ele como função é porque, a partir desta perspectiva, pode-se desenvolver com maior precisão a relação entre o objeto *a* e a função da causa do desejo e a relação entre o objeto *a* e a função do mais-de-gozar. Desejo e gozo, desejo e pulsão apresentam-se, pois, tendo como dobradiça essa dupla articulação do objeto *a*, por um lado com a função de causa do desejo, por outro, com a função do mais-de-gozar. Cabe não esquecer que ambas as funções remetem ao objeto *a* em sua dimensão de real.

Pode-se enfocar este tema a partir de muitas perspectivas e de diversos ângulos. Precisamente, se o termo "mais-de-gozar" está acompanhado no título por outras duas palavras, que são desejo e pulsão, isso se deve a que a função do mais-de-gozar é uma espécie de dobradiça entre o conceito de desejo e o de pulsão.

Se não considerarem o que direi de modo esquemático, poderíamos dizer que, durante certo tempo, Lacan enfatizou o objeto como causa do desejo (ainda que o problema do gozo já esteja presente no Seminário VII, com a teorização da Coisa). A importância da articulação do objeto *a* com o mais-de-gozar está em que o objeto *a*, como real, oscilará entre duas dimensões: a dimensão da causa, da causa do desejo e a dimensão do mais-de-gozar.

A primeira, como diz explicitamente seu nome, remete ao desejo tanto em Lacan como em Freud. A segunda, por outro lado, é uma forma particular de elaboração de Lacan do conceito de objeto pulsional, inseparável da definição do gozo como satisfação de uma pulsão.

Uma vez que temos presente esta definição do gozo como satisfação de uma pulsão que, enquanto tal, envolve necessariamente o corpo (esclareço, o corpo comprometido pela ação do significante, não o organismo biológico), esta definição estabelece a diferença entre a necessidade biológica e a pulsão. Este corpo inseparável do gozo, tardará bastante em ser articulado com o objeto da pulsão na obra de Lacan.

No Seminário VII, *A ética da psicanálise*, o gozo é definido como a satisfação da pulsão. Este seminário marca um corte ao introduzir a dimensão da satisfação pulsional em seu caráter de real, diferenciando-a assim da dimensão imaginária — na qual viu-se delimitada inicialmente a pulsão, e na qual o termo gozo já se faz presente (por exemplo, no Discurso de Roma) — e da dimensão simbólica que se esboça tanto no Seminário II como no próprio conceito mesmo de demanda. Existe, pois, uma solidariedade entre os conceitos de gozo, corpo e pulsão em Lacan. Ao final do percurso de Lacan o nó borromeano lhe permitirá articular estas três dimensões do gozo. Mas este é um tema que não teremos tempo de examinar.

Neste momento, o gozo como satisfação da pulsão remete a um corpo atravessado pelo significante, mais estritamente, por essa cadeia significante que é a demanda, que se plasma na fórmula da pulsão no grafo, $\$ \lozenge D$. Esse corpo é, por excelência, sua sede, só se pode falar de gozo enquanto gozo do corpo. Não se trata do prazer de viver do organismo biológico, fundando-se seu caráter necessário em uma necessidade lógica e não biológica.

Se a satisfação de uma pulsão é o gozo, por mais contingente que seja, inicialmente, seu objeto no pensamento freudiano — mesmo que nele também se torne necessário depois, através do conceito de fixação —, o gozo nos remete, sem vacilação, a esse objeto pulsional.

Entre o objeto do desejo e o objeto da pulsão se delineia o lugar do objeto *a* de Lacan. No Seminário XI, em resposta a uma pergunta de J.-A. Miller, acerca da relação entre ambos, Lacan responde com uma afirmação que é a bússola adequada para situar este problema. O objeto *a* apresenta uma comunidade topológica no desejo e na pulsão. O objeto *a* é, pois, sempre solidário de uma topologia que, por estrutura, recusa a delimitação externo-interno, dentro-fora. Estabelece-se, pois, a especificidade da mesma em relação ao desejo e a pulsão.

A dificuldade que enfrentamos se situa, portanto, no intervalo que vai intermediar o conceito de causa do desejo, em sua articulação com o desejo, e o conceito de mais-de-gozar que se inclina até a vertente da satisfação pulsional. Podemos examinar esta dificuldade em termos freudianos.

Freud, sempre que falou de pulsão, enfatizou a palavra "satisfação" (*Befriedigung* em alemão), enquanto que, do lado do desejo, sempre enfatizou a palavra "realização" (*Wunscherfüllung* em alemão) — esta é sua tradução tradicional para o castelhano — o "cumprimento" do desejo — tradução que se encontra na edição da Amorrortu. Evidentemente, cumprimento ou realização do desejo não é o mesmo que satisfação da pulsão.

O problema de como se articulam estes dois termos está no centro das dificuldades freudianas a respeito das articulações entre o Isso e o inconsciente. Isto determina que Lacan, à medida que sua teorização vai progredindo, ofereça distintas abordagens da relação Isso-inconsciente, que remetem, precisamente, à abordagem diferencial do desejo e da pulsão.

Estou lhes dando um marco muito geral porque, de qualquer modo, o conceito de mais-de-gozar — ponto que queria sublinhar — não é equivalente ao conceito de objeto *a*.

Lacan, no Seminário "De um Outro ao outro", ao introduzir o conceito de mais-de-gozar diz: "[...] o objeto *a* está preparado especialmente por sua estrutura para ser um lugar de captura de gozo". Mas, que gozo captura? Captura esse mais, esse excesso de gozo que é recuperação de uma perda, de uma renuncia prévia ao gozo. Isto é, o primeiro passo para estabelecer o conceito de mais-de-gozar, sua condição prévia, é o conceito de renuncia ao gozo.

A renuncia ao gozo é, como tal, em boa lógica, anterior a sua recuperação; todo ganho acarreta uma perda como sua condição mesma. Não é casual, portanto, que o mais-de-gozar seja acompanhado de um desenvolvimento acerca de uma aposta, aposta que ocupa na história das matemáticas e da filosofia um lugar eminente, a aposta de Pascal. Vale a pena recordar que, já no Seminário II e em "A carta roubada", uma teoria do jogo de azar se fazia presente através da série dos (+) e dos (-), teoria que nesta altura sofre uma nova discussão.

A renúncia ao gozo é anterior, em Lacan, ao conceito de mais-de-gozar. O mais-de-gozar só aparece no Seminário "De um Outro ao outro", no ano letivo de 1968-1969. Por outro lado, encontramos o conceito de renúncia ao gozo em seminários anteriores. Encontra-se insinuado no Seminário VII, *A ética...*, e já muito desenvolvido no Seminário X, "A angústia".

A renúncia ao gozo tem um amplo desenvolvimento no Seminário X. Ali, o objeto *a* como real, causa de desejo, apresenta uma articulação peculiar, mas ainda não plena, com o gozo. Para que esta relação alcance seu pleno desenvolvimento, será necessária a introdução da função de recuperação. No nível do simbólico assinala Lacan: "Só se pode falar de um objeto de gozo como metáfora". Desta forma, em tal seminário, o objeto em sua vinculação com o gozo é um objeto metafórico, vale dizer, produto da substituição significante, aproximando-se do objeto tal como se apresenta, inicialmente, nos circuitos do dom materno. Esta formulação não deve ser confundida, não tem exatamente o mesmo acento, ainda que tenha um íntimo parentesco, com essa metáfora jurídica do gozo — o gozar de um bem — que Lacan introduz em *Mais, ainda*, metáfora cuja relação com *O mal-estar na cultura* e *A ética da psicanálise* não pode escapar a nenhum leitor de Freud e Lacan.

No seminário sobre a angústia esta problemática se perfila, sobretudo, do lado da renuncia ao gozo do corpo, dizendo ali Lacan que esta renúncia, necessariamente, porta, em si, a divisão do sujeito. O objeto aparece, nesse contexto, como o resto desse sujeito atravessado pelo significante, que é o sujeito dividido, $.

O $\cancel{S}$ enquanto tal, não resume a identidade do sujeito, nem sequer essa identidade de ser um em dois, porque é um em dois, isto é, um sujeito dividido, produzido pela concatenação de dois significantes, concatenação que deixa, por sua vez, um resto, esse resto que é o objeto *a*. Nesse mesmo seminário Lacan, de um modo admirável, trabalha a clínica desse objeto como causa do desejo. No referente ao gozo não aparece, ainda plenamente esclarecida, a articulação entre este objeto e o gozo, mas o gozo é enfatizado, antes de tudo, como gozo fálico. A referência ao gozo aparece através do auto-erotismo, com o que se relaciona o objeto causa de desejo. Falta ainda precisar que esta operação de divisão do sujeito com esse resto que é o objeto *a*, fará do objeto — e este é o ponto fundamental — um lugar privilegiado de recuperação, de captura de gozo.

A idéia do *a* como mais-de-gozar, deixando de lado sua homologia com a mais-valia marxista que Lacan pontua — recordem que é um seminário de 1968, em uma época de plena efervescência, onde estes conceitos circulavam amplamente —, o conceito de mais-de-gozar deve ter então como contraponto necessário o conceito de perda de gozo. O que quer dizer perda de gozo? Por que o trabalho psicanalítico levou Lacan, já desde o Seminário *A ética...*, a enfatizar o gozo como gozo do corpo?

Primeiro ponto: o gozo não é o prazer. Esta é uma diferenciação que se impõe como um pano de fundo essencial quando se fala de gozo. O prazer, dirá Lacan, é homeostático, o gozo, por outro lado, será equiparado ao mais-além do princípio do prazer. Enquanto equiparado ao mais-além do princípio do prazer Lacan pôde situar o gozo na dimensão da pulsão de morte, designá-lo como subordinado ao Tânatos. Então, quando dizemos que o gozo está mais-além do princípio do prazer, a que homeostase estamos nos referindo? Insisto, produz-se a esse respeito uma mudança desde a época do Seminário II — na qual enfatiza-se a presença da cadeia significante como mais-além do princípio do prazer — até a formulação do Seminário VII, onde o mais-além do princípio do prazer assume uma forma diferente, a do gozo e do mal (tema que Lacan desenvolverá depois em torno de Sade e a perversão, cuja sistematização encontra-se no escrito "Kant com Sade").

Convém, contudo, deter-se um instante em precisar em que mais se apóia a diferença entre gozo e prazer, a que se deve essa solidariedade entre o gozo e o mais-além do princípio do prazer, quer dizer, por quê o gozo faz limite com a dor. Lacan alertou, antecipadamente, acerca do caráter homeostático do prazer em seu contraponto essencial com seu mais-além.

Entre o Seminário II e a passagem do gozo ao primeiro plano da cena, produzem-se redefinições, tanto do prazer como da homeostase, no que é o campo próprio da psicanálise. No Seminário II, a insistência da cadeia significante, inseparável do desejo, é ela mesma o mais-além do princípio do prazer. Em *A ética*..., por outro lado, o desejo fica colocado entre gozo e prazer, situando-se o mais-além do princípio do prazer nessa dimensão pulsional que é o próprio gozo. Esta dimensão lhe permitirá articular a pulsão de morte com o problema do mal, já diferenciada do problema da agressividade imaginária kleiniana e seu maniqueísmo. Se no Seminário II o desejo aparece como um para além da necessidade biológica, da biologia como real, exterior ao campo analítico, em *A ética*... produz-se um deslocamento do conceito de homeostase, que, todavia, não altera o desejo. O novo conceito de homeostase, desse equilíbrio que reaparece no nível do princípio do prazer, será claramente definido no Seminário XI quando o narcisismo se apresentar como a forma de homeostase própria do nível libidinal.

No Seminário XI Lacan faz uma delimitação que se pode não prestar atenção e que é, todavia, muito freudiana.

Lacan define ali o narcisismo como a forma da homeostase no nível libidinal. Pode-se dizer que o desejo sob a forma do *automaton*, quer dizer, a repetição da cadeia significante, é realmente algo anti-homeostático para o organismo. O desejo contraria o sujeito no nível do que são seus mecanismos de auto-regulação biológica. Esta é a contradição que centra o Seminário II com o desenvolvimento da série dos (+) e dos (-) em "A carta roubada".

Por outro lado, a homeostase desse corpo, já atravessado pela linguagem, se chamará narcisismo. Portanto, o narcisismo surge, agora, com uma nova função: marca um ponto de homeostase, enquanto que na época do estádio do espelho, o narcisismo surgia como relação com Tânatos e como anti-homeostático; mas essa é a diferença entre a perspectiva do organismo biológico e o corpo atravessado pelo sistema significante. No Seminário II, o anti-homeostático é o processo primário, enquanto que no Seminário XI o anti-homeostático será a *tyché* em relação ao *automaton*, solidário do narcisismo. Que fique claro que esta é uma interpretação particular de Lacan do problema do narcisismo freudiano. Esta interpretação é coerente com a declaração explícita, que faz Lacan, no sentido de que toda a sua teoria sobre o gozo retoma a teoria energética freudiana e o problema da quantidade e da energia em Freud.

Lacan o diz claramente; a questão não é (o que foi chamado classicamente na psicanálise freudiana) o problema econômico: Lacan o considera como um problema de economia política. Daí a possibilidade de compará-lo com a mais-valia marxista. Mas acrescenta algo no que foi dito por Marx: que a economia política é uma economia política de discursos; quer dizer que o que distribui a economia e a política é como circula o gozo em um sistema simbólico: pela estrutura do discurso.

Esta idéia, de que há uma economia e uma política do discurso que faz a distribuição do gozo e que o gozo é algo a captar, começa a propor um problema: se alguém o quer obter, pareceria um prazer; mas por que alguém iria querer acumular algo que é tão desprazeroso como em alguns momentos Lacan pinta o gozo (por exemplo, no Seminário *A ética...*)? Esse tom quase apocalíptico que às vezes Lacan usa em relação ao gozo, retorna sempre com bastante insistência. Por isso o gozo é, em Lacan, o fundamento de uma ética. De uma ética que não é a do bem-estar, a do prazer, a do conforto. Precisamente, o paradoxo freudiano da pulsão de morte e do mais-além do princípio do prazer, é que o ser humano, ao estar atravessado pelo significante, tem como bem supremo algo que não é prazeroso. Por isso Lacan compara e diferencia, de saída, a ética que se infere de Freud da ética aristotélica. A ética aristotélica supõe um bem supremo cuja flor, diz Lacan retomando Aristóteles, é a flor do prazer. A ética freudiana, a que se deduz não só do *Mais-além do princípio do prazer*, como também de *O mal-estar na cultura*, é, ao contrário, uma ética do mal fundamental para o qual tende o homem. Sua busca não é precisamente a de seu bem, mas a de seu gozo que está do lado de seu mal, na medida em que o bem supremo não existe.

Esse problema do mal reaparecerá muitas vezes e todos sabemos que, quiçá, está presente nas primeiras consultas de quase todos os pacientes: por que faço isto que eu sei que me faz mal ou que me faz sofrer? Ou, se sempre quis evitar isso, por quê resulta que isso, que sempre quis evitar, é o que torno a encontrar contra a minha vontade? Se tomarmos, inclusive, a definição lacaniana do real como o que volta sempre ao mesmo lugar, há um certo padecer que o sujeito mesmo busca, sem saber, e que aparece como o bem supremo. Quando é bem supremo? Aqui vem o problema ao qual também me referia antes. Quando está inscrito no desejo como desejo do Outro.

O conceito de gozo, o mais-de-gozar em sua articulação com o desejo como desejo do Outro, não deve ser confundido com as formulações de Lacan acerca do Outro do gozo, do Outro da verdade, do Outro do reconhecimento; podemos mencionar uma pluralidade de Outros com maiúscula em Lacan. Que o Outro seja um lugar varrido de gozo — expressão que Lacan usa explicitamente — não significa que confundamos toda clínica do gozo com o problema do Outro do gozo, tal como se apresenta na perversão.

O Outro do gozo é um Outro cuja existência é central para o perverso. É em sua articulação com a perversão onde Lacan chega a articulá-lo. Nas neuroses não se trata do Outro do gozo; trata-se, em todo caso, desse Outro que, de verdade, lamento que esteja tão desvalorizado, que é o Outro da demanda, porque esse Outro da demanda segue formando parte de nossa clínica mais cotidiana, e não é por ser a mais cotidiana que não tem por que ser banal, ao contrário, diria que, às vezes, é aquela na qual temos mais responsabilidades. Mesmo que careça da gravidade ou da fascinação que certos Outros, como o do gozo, pode produzir.

Por que faço esse esclarecimento? Porque o mais-de-gozar não é correlativo ao Outro do gozo, mas, pelo contrário, à sua inexistência; justamente como diz Lacan em "Subversão do sujeito...", "essa falta do gozo que faria vão o universo"; essa frase que circula e foi repetida muitas vezes — "que faria vão o universo" — veremos para quem e em que casos. Entretanto, faz vão o universo para todos os seres falantes em um único ponto, que é o que às vezes não precisa tudo o que se deve precisar: na medida em que não há gozo sexual, isto é, que não há gozo de cada sexo como tal, o gozo sexual está perdido para ambos os sexos.

O gozo fálico, que o constitui como medida comum para ambos os sexos, já é uma suplência dessa ausência estrutural que é o "não há relação-proporção sexual". Trata-se da inexistência do Outro sexo, do sexo como tal, feminino, quer dizer, do universal da mulher. Esta inexistência pode ser suprida, manejada, distorcida, negada, recalcada, podemos supor-lhe uma quantidade de vicissitudes diferentes, mas não substitui a fórmula: o desejo é o desejo do Outro com maiúscula.

No perverso Lacan definiu muito claramente uma fórmula e, a partir dela, começaram uma série de confusões que convém esclarecer de saída.

A primeira parte da fórmula do desejo perverso: o desejo perverso, em sua articulação com o desejo do Outro, assume a forma da vontade de gozo. Essa é a forma que assume o desejo do Outro para o perverso, que lhe permite ser um verdadeiro crente. Lacan o diz: os perversos são os últimos crentes que estão ficando sobre essa terra. Crêem no gozo do Outro, nesse deus do sacrifício de Pascal, não no deus dos filósofos de Descartes, não no deus da racionalidade, mas nesse deus de Abraão, esse deus que exige o sacrifício como tal, cujo grande crente é o perverso. Mas essa crença lhe permite escapar da castração do A, assim, a vontade de gozo faz do A barrado um Outro sem barrar, sem barra. Por isso a fórmula do desejo perverso como vontade de gozo é equivalente ao desejo impossível da neurose obsessiva, ao desejo insatisfeito da histeria e ao desejo prevenido da fobia.

Por que coloco-as em série? Porque são formas diferentes (as três últimas em relação às neuroses e à demanda, a primeira em relação ao gozo) de não se dar por inteirado da castração. Isto é, são formas de não realizar o desejo como desejo do Outro, sob a forma da insatisfação, da impossibilidade, da prevenção ou da vontade de gozo do Outro. São limitações subjetivas frente à realização do desejo como desejo do Outro.

Nesse quadro, onde há castração há perda de gozo no sentido original, tal como é encontrada no Discurso de Roma, formulada como passagem do acoplamento à aliança, tomando Lévi-Strauss. Perde-se o gozo natural, todo, do sexo para entrar nesse embrião humano que se chama, por algum motivo, sexualidade e não sexo.

Quando falo de pulsão, desejo e mais-de-gozar, não estou pensando primordialmente na perversão, mas em uma série passível de ser encontrada na clínica e que na França, por exemplo, foi incluída dentro do campo da perversão; enquanto que na Argentina, seguindo nesse ponto os delineamentos da escola inglesa, a conhecemos melhor como o campo da psicopatia. Refiro-me a um amplo campo de perturbações que apresentam dificuldades particulares no estabelecimento da relação psicanalítica, da transferência como tal, nas quais o paciente chega a análise em posição de objeto e onde se registram o que hoje podemos chamar, com uma expressão muito geral que merece ser precisada, perturbações da demanda.

Havia algo de verdade nisso de psicopatia, de não admitir os limites que se estabeleciam, de romper o *setting*; também era uma forma indireta de falar do problema com a demanda; especialmente com a demanda de amor. Mas creio que, a partir de Lacan, é possível deduzir que se trata de psicopatologias, chamemo-las assim, que não são, em si mesmas, estruturas clínicas. Não obstante, temos uma gama lacaniana que nos permite descrevê-las. Essa gama se refere à série: passagem ao ato, ato, acting-out.

Trata-se de sujeitos que não se apresentam exatamente no que poderíamos chamar uma posição de objeto causa, coisa que a histérica pode simular muito bem, por alguma razão o objeto tem um lugar particular em seu discurso, mas, precisamente, pacientes nos quais esta posição de objeto implica um ganho, um mais-de-gozar, que deve ser perdido antes que a análise possa ser iniciada, em sentido estrito.

Formalização: O que quer dizer "antes que a análise possa ser iniciada"? Quer dizer que esses pacientes nos exigem, às vezes, um longo trabalho prévio, não importa se é cara a cara ou no divã, antes que passe a ocupar o lugar, por excelência, do sujeito em análise, que é o lugar do sujeito dividido, quer dizer, do sujeito da associação livre; diria que, em última instância, o importante é a clareza que o analista tenha a respeito.

Os dois nomes clássicos com que esses transtornos figuram na psicopatologia foram, por um lado, as impulsões (como o jogo de azar, por exemplo, ainda que não seja quando adquire caráter de sintoma compulsivo), e, por outro, as caracteropatias nas quais (como alguns de vocês quiçá saberão) eu pensei especialmente quando fiz o percurso da teoria do eu em Lacan.

O que é importante aqui? Que estes pacientes possam ser definidos em função de sua estrutura clínica. Por quê? Porque podemos encontrar as impulsões tanto na perversão, como na psicose, como na neurose.

O que é que caracteriza essas patologias? Eu quase me atreveria a chamá-las patologias do ato, não no sentido do ato logrado como o ato falho, mas nesse outro sentido que dá Lacan quando diz que o ato, como tal, implica que o sujeito aposte sem Outro. Quer dizer, que só há ato com um Outro barrado, com um Outro — não digo ao acaso — inconsistente.

O que é que se pode observar nesses pacientes? Que há certa satisfação, às vezes direta, visível, à qual não podem renunciar. Tomem qualquer uma das formas em que isso pode se apresentar, que vão desde a bulimia ou o tabagismo até as drogas maiores. Essas patologias do ato propõem uma pergunta que será um dos eixos do que tentarei desenvolver nestas reuniões: são idênticas à patologia do fantasma?, são uma variante da mesma?

Estas patologias aparecem basicamente vinculadas ao ato em qualquer de seus matizes: passagem ao ato, ato e acting-out, e, obviamente, o fantasma desempenha nelas um papel fundamental. Estão do lado do fantasma e remetem ao auto-erotismo, não se situam do lado do sintoma.

Freud mesmo, em uma carta a Fliess anterior a 1900, assinala que toda adição (refere-se entre outras ao jogo, à bulimia, etc.) é um substituto do auto-erotismo. Tese que retoma quando examina o caso de Dostoievski. Porém, tudo isso gira em torno desses "misteriosos" problemas freudianos, que não se confundem com o tema da castração e seu rochedo; me refiro a esse outro problema que é o da adesividade da libido, a fixação ao objeto pulsional, o problema do *quantum* de fixação, quer dizer, o problema da energética da fixação. Recordem que Freud coloca-o como um dos obstáculos maiores à finalização de uma análise.

O conceito de mais-de-gozar tem seu antecedente, como lhes recordava, não somente no conceito marxista de mais-valia, mas sobretudo no conceito freudiano de ganho de prazer (*Lustgewin*). Em Freud, este ganho de prazer alude diretamente a um aumento da satisfação pulsional, isto é, à dimensão da satisfação da pulsão. Isto implica além disso, e esse é outro ponto que quero enfatizar, que esse ganho de gozo, que é a forma como prefiro traduzir o ganho de prazer em Freud, é, quiçá, uma das chaves para entender, na mesma obra freudiana, a função que Freud chamou adesividade da libido como fator constitucional inato, coisa que ninguém sabe explicar muito bem o que é.

Por outro lado, esta energética que Lacan propõe em termos de economia política, nos remete a outro pólo, que também tem a ver com o ato e que já está presente no Seminário "A angústia". Este pólo é a inibição.

Nessa época, que é a que vai do Seminário X aos quatro discursos, Lacan propõe uma certa oposição entre acting-out e passagem ao ato, assim como existe certa oposição entre sublimação e inibição. São todas temáticas vinculadas à satisfação. Recordem a famosa definição da sublimação como satisfação da pulsão sem recalque, sem defesa.

Nesse contexto, não é casual que Lacan torne a trabalhar o grafo do desejo no mesmo Seminário "De um Outro ao outro", onde introduz o mais-de-gozar, e a referência que faz é a sua primeira introdução do grafo no Seminário "As formações do inconsciente", com o exemplo do *familionário* para explicar o chiste, voltando a insistir, em 1968, no problema do chiste de modo que temos uma reinterpretação do grafo no ano de 1968; recordem que os *Escritos* saem em 1966. Realiza, então, uma reinterpretação do grafo pela perspectiva de sua articulação com o mais-de-gozar, através, precisamente, do ganho de gozo próprio da sutileza descrita por Freud em seu livro.

Quando se faz uma primeira leitura pergunta-se por quê aparece aqui o grafo. O grafo aparece, precisamente, porque o que Lacan chamou, na época de "As formações do inconsciente", o objeto metonímico, agora é o objeto como lugar seletivo de captação da recuperação do mais-de-gozar.

Eu lhes disse que partirei de "De um Outro ao outro", mas queria esclarecer que há aqui um caminho que é a retroação que se pode fazer, partindo de "De um Outro ao outro", para trás na obra de Lacan, e pode-se, assim, encontrar a antecipação do conceito de mais-de-gozar. Deste modo, nos seminários mais tardios, se produzirá uma diversificação dos gozos, uma diversificação dos mais-de-gozar. Todo gozo, o gozo da alíngua em uma só palavra, o gozo do sintoma, o gozo da mulher barrada, etc., todos esse gozos são, na realidade, recuperações de gozo pela perda desse gozo todo, que seria o gozo da complementaridade sexual, que não existe.

Então, o conceito de mais-de-gozar, que está inicialmente articulado com o objeto *a,* torna-se conceitualmente mais abrangente que o objeto *a*. Propõe, precisamente, essa clínica que Lacan chamará clínica do não-todo, em relação com as fórmulas da sexuação, no ano de 1972 quando, ao referir-se, por exemplo, à relação de Kierkegaard, à correspondência entre Kierkegaard e Regina, Lacan diz que Regina é capaz de ver um bem para-além do objeto *a*. Quer dizer, um gozo que não se esgota na pulsão parcial.

O mais-de-gozar é uma função, o mais-de-gozar não é somente o objeto *a*, o objeto *a* pode captar o mais-de-gozar, através de suas quatro formas tradicionais: voz, olhar, fezes e peito.

O problema que nos propõe a clínica do não-todo, o problema sério, desde a perspectiva freudiana, é que parece estar em jogo algo, uma recuperação de gozo, que não é equiparável, enquanto tal, com o próprio do autoerotismo e da pulsão parcial. Esta é outra das questões centrais a examinar em torno do conceito de mais-de-gozar.

Dessa clínica do não-todo que Lacan começa a esboçar nos anos 1970, temos três exemplos: a mística, à qual Lacan nega o estatuto de psicose e de histeria; o caso Joyce e seus próprios *Escritos*. Esses são os três exemplos de clínica do não-todo que deixou Lacan. Tem-se que ver se pode-se pensar outros e se, precisamente, na medida em que é uma clínica do não-todo, só pode conceber-se como a lista de Don Juan: *mille e tré*. Quiçá, se trate de fazer a lista, uma por uma, de cada forma e de cada caso: caso místico, caso Joyce, caso X. Isto é algo para levar em conta porque implica, inclusive, certa pontuação sobre a teoria dos discursos em Lacan, sobretudo quando assinala que o não-todo é a posição do analista e a descreve como própria.

Esta revisão do grafo, que se produz em 1968, na qual há algumas mudanças (confesso que olhei duas ou três versões deste seminário dado que não há uma edição estabelecida disponível), tem diferenças chamativas com a versão que aparece nos *Escritos*.

Este questionamento do mais-de-gozar e sua função, é solidário de algo que Lacan definirá como o par ordenado (S_1—S_2) como conjunto, dedicando-se não ao S_1, mas ao S_2, definido como o conjunto dos significantes do saber inconsciente, entendendo por saber inconsciente um saber sem sujeito.

Então Lacan assinala que se o objeto *a*, como lugar de captação do mais-de-gozar, pôde ser inventado por ele, o diz muito enfaticamente, é porque se produziu uma modificação na relação histórica entre o saber e o gozo. Esta modificação da relação entre o saber e o gozo é absolutamente solidária da unificação da ciência ocidental, da nossa ciência, a partir do século XVII. Lacan diz: a unificação da ciência correlativa ao desenvolvimento do capitalismo implica, não só a criação do mercado tal como o conhecemos, mas de um mercado do saber.

A psicanálise é um sintoma, diz Lacan, dessa modificação na relação entre o gozo e o saber, modificação que é histórica e solidária, como tal, do termo mercado, de um mercado do saber, onde o saber vale, onde o saber já não é um luxo, porque o saber, graças à unificação do campo das ciências, começa a participar na produção. Daí que comece a aparecer um termo, que já havia despontado em Lacan, mas que se impõe desse seminário em diante, o de produção, que não é o mesmo que criação. A produção remete à produção de objetos que são pontos de captação de gozo, nesse sentido, podem então advir "bens" no sentido psicanalítico.

Recordem o que lhes disse há algum tempo: a ética da psicanálise não é a ética do bem-estar. Os objetos de disputa, nesse sentido, os objetos de captação de gozo, não são objetos que, necessariamente, produzam ou signifiquem o bem do sujeito a partir do ângulo das morais ou das éticas tradicionais, mas, antes, produzem, por este ângulo, seu mal.

Justamente, o que assinalará Lacan é que a produção desses objetos (e do saber e sua entrada como mercadoria em um mercado onde o saber começa a valer) é solidária, não da renúncia ao gozo, porque renúncia ao gozo há desde sempre: na posição do amo hegeliano a renúncia ao gozo, renúncia a seu corpo, está na vida para manter seu prestígio; o que é novo é que haja, e nisso Lacan insiste, um discurso que promova a produção através da renúncia ao gozo.

O que faz Lacan? Uma leitura psicanalítica da tese de Weber sobre a relação entre o protestantismo e o nascimento do capitalismo? Não, creio que não. Lacan marca algo fundamental porque prefere à tese de Weber, as citações de Lutero (que podem ser encontradas no Seminário *A ética...*, e que algumas vezes parecem saídas das fantasmagorias do kleinismo mais exagerado).

Lacan relaciona isto com o que será chamado a morte de Deus. Mais importante, nesse caso, que a conotação teológica (apesar de Lacan retomá-la, porque uma parte desse seminário, que não teremos tempo de ver, refere-se à aposta de Pascal acerca da existência de uma vida depois da morte), é, precisamente, que este discurso da renúncia ao gozo delimita o lugar do *a* e permite, assim, algo que em nosso século é evidente, esses prolongamentos da voz e do olhar que são o gravador, a TV e todos os aparelhos que prolongam esses dois objetos: voz e olhar.

Esta possibilidade, que surge do discurso da ciência, sublinha a renúncia ao gozo para marcar sua recuperação, e assinala o lugar privilegiado dessa recuperação no objeto *a*.

Inclusive, esse objeto *a* como lugar de captação do mais-de-gozar, é a antípoda do que Lacan definiu como o objeto do dom na cerimônia do potlatch, quer dizer, do momento em que se faz uma espécie de competição para ver quem gasta mais objetos de luxo ou quem brinda ou doa mais. Precisamente porque esses objetos caracterizam-se pela circulação, pelas estruturas do parentesco, são o que há de mais contrário ao auto-erotismo.

Curiosamente a ciência, e isso é o que Lacan descobre, veio nos proporcionar uma gama de possibilidades masturbatórias inesperadas para o século passado. Por isso diz-se tanto que a TV deixa idiota, é o que se dizia no século passado da masturbação. Quiçá tivessem alguma razão. Precisamente, na medida em que aparece um certo tipo de gozo auto, auto enquanto auto-suficiente, o sujeito pode, finalmente, alcançá-lo por si mesmo e não pode desprender-se dele. A característica desses *gadgets* que devemos ao discurso da ciência é, precisamente, que se fica preso a eles, isso é o que habitualmente se diz. Seria interessante perguntar-se o que teria pensado Freud da adesividade da libido com o objeto TV.

A partir desse ponto de vista o dom é totalmente o contrário, é a festa, a reunião da comunidade, algo assim como o momento de glorificação do intercâmbio social, enquanto que esses *gadgets* (palavra que Lacan conserva do inglês) tendem a isolar-nos e a produzir, ao mesmo tempo que uma massificação, um gozo cada vez mais auto-erótico e autista.

Porém, isso nos leva a que o ser vivo, na medida em que é presa da linguaguem, perde, como Lacan o diz desde o começo, parte de sua identidade. O *a* é o resto dessa perda que se deduz da perda fundamental da teoria freudiana, que desencadeia a repetição, que é o objeto como objeto perdido. A insistência de Lacan nesse ponto de articulação com Freud é até cansativa, diria, e está em praticamente todos os seminários.

Insisto: o objeto perdido freudiano (perdido por estrutura, não perdido na experiência) é o que motiva uma repetição (*automaton* e *tyché* diferenciadas no Seminário XI por Lacan) e é o que impulsiona para a descoberta desse objeto que nunca se teve.

Lacan nos dá uma chave para entender porque o desejo se faz com a identidade de percepção. Por quê? Porque essa identidade de percepção da qual todos ouvimos falar desde o momento em que entramos na psicanálise, que é o eixo da realização do processo primário, não aponta tanto (e isto é o que há de ser enfatizado segundo Lacan) para a percepção, mas para o termo identidade. O que é buscado no complemento é o idêntico e o idêntico é o impossível (o impossível por estrutura, não o desejo obsessivo como pretexto frente ao desejo do Outro).

Por que é o impossível? Isso nos conduz ao impossível lógico, não ao impossível obsessivo. Porque precisamente aquilo que é impossível é ter um objeto complementar do sujeito. Lacan o dizia em seu primeiro período com os termos "perda de naturalidade do objeto" para o ser falante e depois o desenvolverá como a perda do sexo, para ambos os sexos biológicos, na medida em que o ser humano fala.

E aqui é onde começa mais uma discussão na teoria de Lacan. Com esse objeto perdido que organiza a busca e que organiza a realidade, com esse objeto, resto do processo de divisão, o sujeito pode identificar-se. Lacan situa esta identificação no nível do pré-consciente freudiano e diz: "o *a* em sua função de mais-de-gozar é o que permite unificar o sujeito como sujeito de um discurso, no nível pré-consciente".

Isto implica duas coisas: primeiro, que o *a* como mais-de-gozar é um ponto de identificação que arremeda (e uso o termo arremedar para traduzir o *mimer* em francês, que às vezes se traduz pelo galicismo mimar, porque mimar em castelhano quer dizer fazer carinhos, não imitar; arremedar não é exatamente imitar, tem um pouco o sentido de paródia que tem o termo francês). Justamente, esse arremedo de unidade que dá o *a*, o dá não por ser a causa, mas por ser o lugar de um ganho de gozo. Nesse sentido transforma-se na coluna vertebral que sustenta o sujeito na instância pré-consciente freudiana. Lacan acrescenta algo mais: a coerência que dá o *a* como mais-de-gozar faz, por sua vez, a coerência de seu eu, *moi*, não do *je*. Se o *moi* se escreve *i(a)*, o *a,* já em textos anteriores, era definido por Lacan como objeto real, causa e também mais-de-gozar. O *a* enquanto mais-de-gozar, dá ao sujeito uma ocasião particular que o imaginário reveste.

Esta recuperação de gozo, esta função que Lacan descobre na perversão, não implica que esteja limitada à perversão. O que Lacan descobre na perversão é a possibilidade de que "o termo *a* do fantasma possa ser aplicado sobre o sujeito dividido". Isso é o que a perversão ensina, em sentido estrito, a Lacan.

Porém, se o *a* forma o núcleo real do eu, lhe oferece sua coerência, tocar este *a* implica condenar o sujeito a sua contrapartida: o gozo Lacan diz como perdido, quer dizer, o não-gozo, o desamparo e a solidão.

Aqui é onde podemos voltar as caracteropatias, nas quais a instalação do mais-de-gozar no *i(a)* do eu é predominante. O transtorno do caráter não é somente um transtorno do ideal, não é algo que se explique tão somente do lado do significante. Explica-se também do lado da identificação com esse objeto mais-de-gozar que dá consistência e coerência ao sujeito. Lacan diz que o *a*, a fabricação do *a* como mais-de-gozar, está na base do *moi*, esta fabricação lhe oferece consistência e essa consistência é uma consistência lógica.

Se observarem, aqui há uma redefinição do imaginário, posto que, voltando ao grafo, neste ponto precisamente, Lacan diz que a interrogação sobre o desejo do Outro é o mecanismo fundamental da identificação imaginária. Com o que fica claro que a identificação com o *a* como real é inseparável do *i* minúsculo: não se pode fazer sem o imaginário.

Lacan o diz assim: "O modo como cada sujeito sofre em sua relação com o gozo na medida em que só se insere na relação com o gozo através do mais-de-gozar é o sintoma". E acrescenta, na medida em que (esclareço: ao estabelecer um mercado do saber) já não existe uma verdade social média, uma verdade consensual, que possa ser compartilhada por todos os sujeitos, isso faz com que as verdades particulares comecem a tomar a dianteira e o que Lacan sublinha nesse ponto que se articula com a nova formulação do grafo é que o objeto *a*, enquanto tal, ocupa um lugar no *campo* do Outro, o lugar da verdade como furo. Lacan remete-o à impossibilidade, à qual já havia se referido muitas vezes em "A lógica do fantasma", de fazer ou alcançar um fechamento no universo do discurso, de chegar a fazer um todo, uma totalização universal do discurso. Então reformula o grafo de um modo que só de dizer-lhes a primeira mudança creio que já se situaram. Todos recordam que em "Subversão do sujeito....", no resumo de "Formações do inconsciente" e em "O desejo e sua interpretação", estão o piso do enunciado, outras vezes chamado piso da demanda, o inferior, o piso da sugestão e o piso superior, o piso do desejo e da enunciação.

A partir daqui Lacan define o piso inferior como piso da enunciação, e o superior como piso da demanda. Com o que desorganiza tudo aquilo que se tinha ordenado na cabeça com bastante esforço. Por que faz esta mudança? Precisamente, a mudança se baseia em que muda o sentido do Outro do piso inferior.

Aqui vocês têm o piso inferior do grafo que, em si, não se modifica. O que muda é que a linha que vai desde o significado do Outro ao Outro, com maiúscula, passa a denominar-se agora enunciação e o significado do Outro é equiparado por Lacan ao S_1. O campo do Outro (não o lugar) é equiparado ao S_2, como conjunto dos significantes. Quer dizer, substitui o conceito de bateria dos significantes.

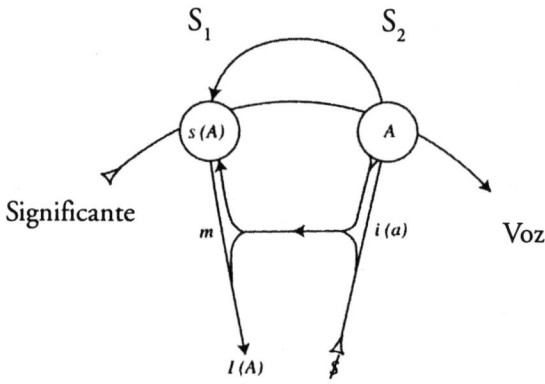

Por que a linha que vai do s(A) ao A e volta é a linha da enunciação? Se temos que do lado da significação do Outro, que sempre é retroativa, está o S_1, que é o querer dizer como antecipado (da primeira versão do grafo), o S_2 surge em segundo lugar e permite o surgimento da significação retroativa. É a definição do sujeito: o que um significante representa ante outro significante, o que S_1 representa ante S_2. É o que Lacan diz em 1968. Isso é importante porque o S_2 passa a significar aqui, como no Seminário XI, o significante da *Urverdrängung*, do recalque primário que produz o *fading* ou desvanecimento do sujeito. S_2 é todo o campo dos significantes menos o S_1, que é aquele significante ante o qual todos os demais virão a representar. Porém, o sujeito da enunciação está colocado no primeiro piso do grafo, coisa que não acontecia antes quando se tendia a confundir esta primeira linha, significação do Outro, com a linha inferior *m-i(a)*, quer dizer o circuito especular que se desprende da primeira linha.

Lacan explica claramente a fórmula da pulsão e sua articulação central com a demanda, e por isso a demanda passa ao segundo piso (que poderia estar abaixo, daria no mesmo, é uma simples convenção). Porque, quando Lacan dizia que o piso da demanda era o piso inferior, estava trabalhando a demanda pelo ângulo do circuito idealizante do ideal, como demanda de amor; agora se referirá à demanda em sua função pulsional e por isso falará de demanda no piso superior.

O grafo intermediário entre estes dois é:

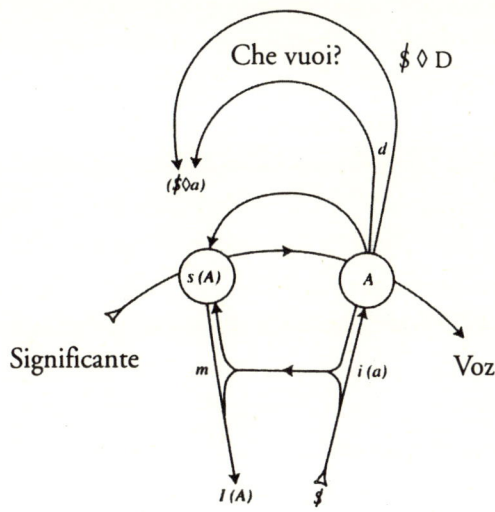

Onde culmina o ponto de interrogação do *Che vuoi?*, que, se recordarem, no terceiro grafo de "Subversão do sujeito..." termina na fórmula do fantasma e não inclui a fórmula da pulsão, que se mantém em 1968. Lacan faz uma longa demonstração lógica na qual assinala que o S_2 como conjunto dos significantes, quer dizer saber inconsciente, não é consistente no sentido lógico. Isto é fundamental porque a inconsistência lógica do campo do piso inferior obriga a enunciação a assumir o giro da demanda, transforma a enunciação em demanda. Notaram que enunciação e demanda se modificaram em relação a alguns textos dos *Escritos*; precisamente, leio-lhes uma citação textual: "Enquanto o campo do Outro não é consistente a enunciação adquire o giro da demanda, isso dá seu alcance à fórmula da pulsão", $\$ \lozenge D$; e inclui a pergunta o que quer o Outro?

Aqui encontramos um matiz, impossível como tal de ser traduzido para o castelhano. Quando a pergunta se formula no nível do Outro — o que quer o Outro? —, a resposta é o D maiúsculo da demanda. Em francês essa resposta é formulada assim por Lacan: *je me le demande*, onde *demande* vem a ser pergunta, sentido do qual o termo castelhano "demanda" carece e que, portanto, deve traduzir-se por um "me o pergunto".

Este "eu me o pergunto" (*je me le demande*) aparece como a articulação com essa via do D maiúsculo, na qual não há mais remédio senão avançar devido à ausência de consistência lógica do Outro, que é questionada por um sujeito já dividido pela ação do significante no piso inferior. O $\$$ barrado, produto do *Urverdrängung*, do recalque primário na alienação significante, se pergunta acerca do desejo do Outro e se faz a pergunta enquanto sujeito dividido, em relação a uma demanda-pergunta, a um "eu me o pergunto" (*je me le demande*). Este é o ponto em que se pode apreciar a novidade introduzida em 1968, na medida em que, por intermédio da pergunta, a demanda se articula com o desejo, adquirindo uma função que se relacionará com a significação do Outro, s(A).

O efeito sujeito na enunciação — quer dizer, no piso inferior do grafo em sua exposição de 1968 —, como efeito de significação, instala-se pois nesse matema s(A), s minúsculo de A maiúsculo, matema que indica a emergência de uma significação alienada, na medida em que chega retroativamente significada do Outro, e que enquanto significação alienada — o veremos — tem uma estreita relação com o mais-de-gozar. A função mesma da significação é a de mascarar essa conseqüência maior do discurso que é a exclusão do gozo.

Porém, o mais-de-gozar é, por excelência, "fora do significante". Como relacioná-lo então com a significação e, para sermos mais precisos ainda, seguindo Lacan, com os meios de produção do mais-de-gozar? Em um momento desse seminário Lacan praticamente identifica significação e mais-de-gozar. Esta identificação é a que assegura a racionalidade da afirmação de Lacan, que já mencionei, segundo a qual o *a* como mais-de-gozar oferece a coerência do eu (*moi*), do pré-consciente, alimentando-se para isso nas significações. A significação nesse ponto já não se assemelha ao imaginário, a uma produção imaginária, mas se apresenta como intimamente relacionada com um efeito de recuperação de gozo, recuperação que mascara sua perda. Trata-se, pois, da significação do Outro como ponto no qual podemos delimitar uma peculiar recuperação de gozo.

Voltemos, para melhor seguir isto, ao piso superior do grafo. Lacan retoma a separação que estabeleceu entre respostas e perguntas entre o lado esquerdo e direito do grafo, examinando, separadamente, as perguntas e as respostas. Devem recordar, pois, que do lado esquerdo temos uma primeira resposta significante: o S($\bar{A}$) barrado, o significante da castração do Outro, que culmina nessa resposta também significante que é o I(A), situando-se entre ambos os significantes as respostas imaginárias: fantasma, s(A), eu. Do lado direito, o das perguntas, temos de cima abaixo o $\bar{\$}$, o *i*(*a*), o (A), o *d*(A) — desejo do Outro situado à mesma altura que o fantasma do lado das respostas, ponto a partir do qual Lacan marcará o surgimento das perguntas — e a fórmula da pulsão, ($\bar{\$}$ ◊ D).

Aqui têm desenhado o esquema das duas perguntas que convergem sobre o desejo do Outro, *d*(A).

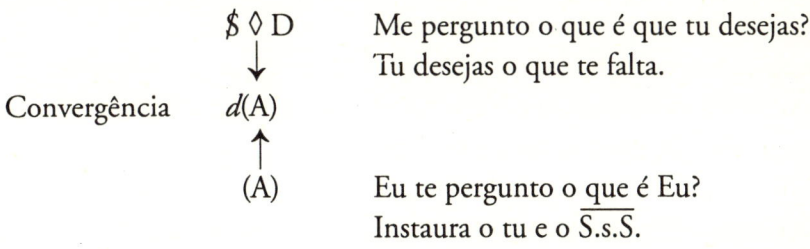

Então, observemos como sobre esse ponto que é o *d*(A), desejo do Outro, lugar intermediário entre o piso da enunciação e o da demanda em 1968, Lacan faz convergir duas perguntas. Uma delas parte do (A) do piso inferior, da enunciação, e seu alvo é o eu (*je*): "Eu (*je*) te pergunto (*te demande*) o que é eu (*ce qu'est je*). Observem que Lacan já havia indicado que o eu (*je*) *shifter* não é equivalente ao sujeito do inconsciente. A pergunta que parte do (A) é, pois, uma pergunta-pedido que interroga acerca do eu e do tu. A resposta à pergunta sobre o eu (*je*) determina o estatuto do tu, e frente à inconsistência do campo do (A) faz surgir um tu. "Tu" que, precisamente, instaura o sujeito suposto saber, pois, introduz um sujeito nesse campo do (A) no qual, por estrutura, não há sujeito algum. A demanda-pergunta da enunciação interroga, então, o eu e o tu; interroga a existência de um sujeito que seja tal, tanto no campo do Outro como no inconsciente. O eu exige a existência do tu para existir (esse tema ronda o ensino de Lacan desde a época do desejo de reconhecimento, recebendo a esta altura uma formulação lógica); isto funda, no nível da estrutura, o sujeito suposto saber, coisa que J.-A. Miller assinalou claramente ao indicar o caráter "transfenomênico" do $\overline{S.s.S.}$

A outra pergunta parte desse Outro que, no piso superior, é representado pela fórmula da pulsão; ela se formula assim: "Eu me pergunto o que é que tu desejas" (*Je me demande ce que tu désires*), sendo sua resposta "Tu desejas o que te falta" (*tu désire ce que te manque*).

Pode-se ver que a transferência supõe, pois, de maneira estruturalmente intrínseca para Lacan, esse lugar de convergência das perguntas que é o desejo do Outro. Ou seja, que essa encruzilhada é o organizador mesmo da transferência. Para isso as duas vertentes que se cruzam não devem ser consideradas em função de uma temporalidade cronológica, mas lógica. A passagem, então, da enunciação à demanda, em 1968, do piso inferior ao superior do grafo, é condição da suposição de um sujeito ao saber. Essa demanda, portanto, é solidária da não consistência do campo do Outro, de sua não completude, que depende do fato de que não há, em tal campo, ninguém que possa dizer eu (je).

Se o saber pode ser suposto ao sujeito, isso implica que o saber é um valor, que circula em um mercado, quer dizer, que tem como pano de fundo um mercado do saber. Esse mercado do saber é correlativo ao discurso da ciência, que situa o saber em posição de mercadoria, e, nesse dispositivo peculiar, assim estabelecido, pode fazer sua aparição a psicanálise. Seria impossível não se pensar que se poderia constituir o $\overline{S.s.S.}$ como fundante de um "qualquer" analista que se declare analista. Na medida em que alguém se declara analista se lhe supõe um saber, saber que também pode ser suposto a outros, que não são analistas e que não se declaram com tais. Nesse limite encontramos o acting-out, a transferência chamada "selvagem", etc.

Vemos delinear-se esta convergência em torno do desejo do Outro. O desenvolvimento de Lacan situa precisamente em tal convergência, entre as duas perguntas — O que é eu (*je*)? e, eu (*je*) me pergunto o que tu queres? —, o nó com o qual se inscreve o desejo como desejo do Outro. Assim, entre o eu (*je*) e o tu, se nodula o desejo como desejo do Outro, mobilizando (o tu o implica) o $\overline{S.s.S.}$, chave nesse artifício que é o próprio discurso analítico. Esta convergência se formula em um eu (*je*) te pergunto (*demande*) o que quer (*veux*) eu (*je*).

A função da demanda não pode, portanto, ser separada da pergunta. Na medida em que a demanda aparece articulada com o sujeito dividido na fórmula da pulsão, aparece como uma pergunta que se satisfaz nesse nível peculiar que Lacan nomeará com um termo difícil de traduzir, *langagière*, linguageira, podemos dizer, que é da ordem de uma satisfação de um blá-blá silencioso, que não se ouve, que se satisfaz na mudez mesma da pulsão.

Do lado das respostas Lacan diferencia o eu (*je*) do sujeito barrado. Esta função do eu (*je*) tem seu primeiro fundamento no *shifter*, ainda que não lhe seja idêntica. O lado das respostas não experimenta mudanças em relação ao grafo original. Lacan toma-o como ponto de partida para examinar a *divergência* de duas respostas às perguntas cuja convergência constitui o nó do desejo do Outro [*d*(A)].

Observem que duas respostas divergem a partir do fantasma, definido por Lacan com um termo que também é de difícil tradução: *répondant*, que em sua própria estrutura fonética implica resposta (*réponse*), que é também aval ou garante, o que responde, tal como o usamos em nossa língua quando dizemos "eu respondo por fulano" por exemplo.

	$S(\bcancel{A})$	Rechaço, não consistência do discurso
	$\uparrow$	
Divergência	$\$ \lozenge a$	Função do *je répondant*
	$\downarrow$	
	$s(A)$	Significação profundamente alienada

O garante imaginário da convergência, que é o desejo do (A), é o fantasma. O que Lacan denomina a função do eu (*je*) está encoberto pelos dois termos do fantasma, o sujeito dividido e o objeto *a*. O eu (*je*) não é nem um nem outro, e se divide nos dois pólos divergentes da resposta. Uma das respostas diverge em direção ao piso inferior e se situa no s(A), significado do Outro, ou seja, no nível do que vimos é a enunciação. A outra se dirige para o piso superior, para o S($\cancel{A}$), onde situamos a demanda.

O S($\cancel{A}$) marca o ponto de rechaço em que o sistema significante enquanto tal carece de um significante que assegure a consistência lógica do discurso. O s(A) marca uma resposta que é uma significação alienante articulada com o gozo, o significado do Outro. Este eu (*je*) que se cinde entre as duas flechas divergentes das respostas é equiparado, por Lacan, com o eu de "A cisão do eu" de Freud. Nos *Escritos*, em "A ciência e a verdade", Lacan havia equiparado o eu do famoso artigo freudiano com o sujeito barrado, $\cancel{S}$. Por outro lado, em 1968, Lacan o equipara com um eu cindido entre a inconsistência do Outro e uma significação de gozo que o aliena.

No que se refere à significação de gozo temos que pontuar duas coisas: 1) a relação existente entre o objeto *a* em seu valor de verdade com o valor de gozo e 2) a relação do objeto *a* como valor de verdade e referente a significação. A articulação, que não é fácil, passa necessariamente por Frege y Gödel. O retomaremos da próxima vez.

Por hoje devemos interromper, mas queria recordar-lhes que essas patologias às quais me referi antes, patologias de identificação com o *a*, nas quais o sujeito chega para nos ver situado no nível do s(A), nível da enunciação como significação do Outro, têm a meu juízo uma relação peculiar e estreita com a pulsão. Isto implica que o sujeito instalado no lugar da resposta como sede de um gozo auto-erótico, se quisermos usar os termos freudianos, não pode iniciar a análise na medida em que se vê obturada a pergunta que constitui o $\overline{\text{S.s.S.}}$

Ao situarem-se nessa posição, esses sujeitos protegem, sobretudo, a consistência do Outro da verdade e não, como o perverso, a do Outro do gozo. Esse Outro como garante da verdade está para-além do desejo, não é um desejante. Esses pacientes se apresentam, pois, a partir da resposta, não a partir da pergunta, especialmente a partir da resposta que assegura a consistência do Outro, meta que alcançam através da identificação com o objeto *a*. O problema clínico que nos apresentam é que exige certo tempo de trabalho, coisa que se verá em um exemplo que trabalharemos mais adiante, antes que o sujeito se situe no nível do S barrado e abandone essa posição de objeto. Muitas vezes tenho escutado dizer que estes pacientes, por demais freqüentes na consulta, são inanalisáveis, coisa que acredito deve-se mais à falta de paciência dos analistas que a uma falta, qualquer que seja, do paciente.

II

Comecemos retomando o grafo tal como o havíamos enfocado na reunião passada. Para isso, têm escrito no quadro-negro uma versão resumida dos elementos centrais que foram examinados:

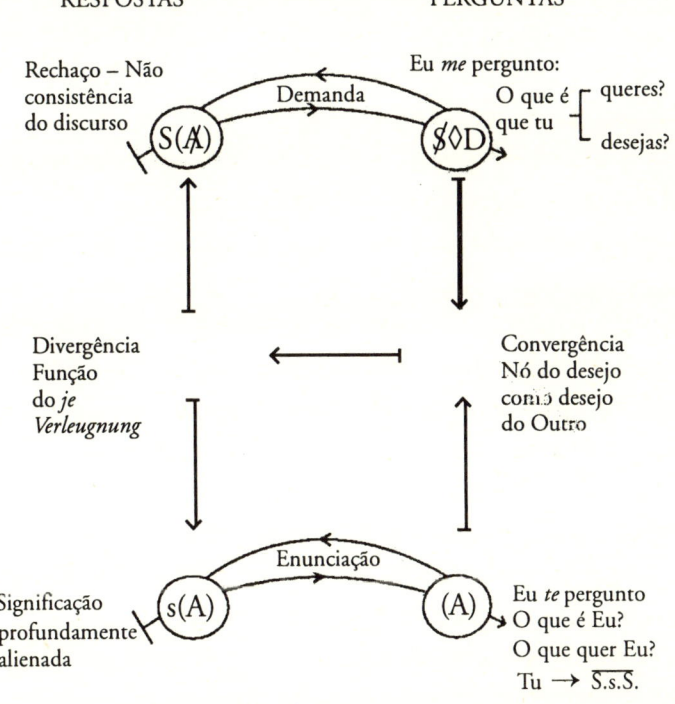

Temos, como ponto de partida, os quatro lugares fundamentais que ordenam o grafo, aos quais Lacan situa conceitualmente de maneira particular. Se partimos das perguntas temos em primeiro lugar o (A), o Outro sem barrar, lugar que, em 1968, é definido como o do S_2, significante que reúne em um conjunto o saber inconsciente. Esse campo do Outro se caracteriza, estruturalmente, por sua inconsistência lógica, a qual determina que a demanda se translade para o piso superior (fórmula da pulsão), cujo pano-de-fundo é que o (A) passou a ser um $\cancel{A}$ barrado por sua impotência para responder à demanda do piso inferior.

Do lado das respostas, em s(A) passa a situar-se o S_1 ficando situados, assim, os dois termos que Lacan qualifica como par ordenado $S_1 - S_2$ (quer dizer, s(A) — (A) respectivamente). Deste modo, situa no (A) o lugar do recalque primário, da *Urverdrängung*, que é coerente com a qualificação do vetor que une a ambos os termos como "enunciação", enquanto esta é própria do inconsciente.

A demanda situada anteriormente entre o s(A) e o (A), a dupla pergunta o que é eu (*je*)? e, o que quer eu (*je*)?, contém um "tu o sabes", um tu que é suposição de um sujeito ao inconsciente, implicação indispensável para o estabelecimento do sujeito suposto ao saber ($\overline{S.s.S.}$). Observem, pois, que os efeitos que em outros seminários Lacan situava nesse mesmo lugar, os efeitos de sugestão, são dependentes do $\overline{S.s.S.}$

A resposta retroativa a essa dupla pergunta é s(A), significação do Outro, classicamente na leitura do grafo o lugar do sintoma, da metáfora sintomal. Ela responde — é todavia tão somente uma das respostas, pois há duas — à dupla pergunta-demanda que parte do (A). Essa é uma significação alienada para começar. Fica assim definida uma significação onde o eu (*je*) é pego em uma significação, alienada enquanto lhe chega do Outro retroativamente. Quando este desdobramento é pego no dispositivo do S.S.S. temos a precipitação de um sintoma próprio do inicio da análise.

A pergunta que surge da fórmula da pulsão para convergir com a anterior no desejo do Outro, que passou primeiro pelo fantasma, tem como segunda resposta, também divergente, o significante do Outro barrado, S($\cancel{A}$), significante da não consistência do discurso, ou o que Lacan, em "A lógica do fantasma", denomina o "não há universo do discurso". Esta é igualmente uma resposta à demanda, mas à demanda em sua articulação com o $barred{S}$ barrado do inconsciente.

O D maiúsculo da pulsão é, pois, também uma demanda-pergunta, que em sua articulação com o sujeito do inconsciente na pulsão se situa no nível de puro significante, causando a pergunta, na medida em que a inconsistência do Outro é um fato estrutural e não um acontecimento. Aqui podemos recordar esse aparente paradoxo de Lacan segundo o qual a resposta determina a pergunta e que só se fazem perguntas quando se conhecem as respostas. Essa resposta, que é o S($\barred{A}$), nos dá um claro exemplo daquilo a que se refere Lacan, pois, essa resposta está determinando a própria pergunta, o que implica uma dependência lógica da pulsão em relação ao S($\barred{A}$). A fórmula que dará conta dessa dependência é o "não há relação sexual" que Lacan postulará mais adiante ou o seu antecessor na lógica do fantasma, o "não há ato sexual".

O S($\barred{A}$) marca, então, a inexistência do sexo, sua substituição pela sexualidade — polimorfa e perversa — que é inseparável da pulsão em Freud e em Lacan. A pergunta da pulsão é, portanto, uma pergunta produzida a partir da estrutura; pergunta cuja gênese — toda insistência nesse ponto será insuficiente — é lógica, e não cronológica.

Entre o (A) da demanda de amor em "As formações do inconsciente", do saber inconsciente em 1968 e do S($\barred{A}$) existe, precisamente, essa relação fundamental que é marcar o salto entre a demanda (inicialmente próxima da necessidade, por sua transformação no desfiladeiro do significante) e o desejo. Mas também indica a solidariedade entre a demanda capturada na pulsão — não no desejo — e o S($\barred{A}$), uma vez que este demonstra o lugar logicamente inicial da castração, da inexistência da relação sexual como presidindo a própria estrutura. Por isso o desejo pode separar-se no nível da enunciação a partir da demanda, pois não basta somente a inconsistência do campo do Outro, mas a necessidade de que tal inconsistência esteja reunida com a castração freudiana, com a ausência de complementaridade sexual. Esta leitura coloca em um primeiro plano uma mudança de matiz no s(A) que se torna, da mesma forma que o fantasma, uma sede possível de gozo, isto é, de satisfação da pulsão. Este matiz antecede, portanto, à introdução da articulação do sintoma e do gozo, cuja plena separação será posterior em Lacan.

A pergunta que partindo da fórmula pulsional converge sobre o desejo do Outro, indica o lugar específico em que o objeto *a* (derivado da própria impossibilidade da demanda de responder com o objeto "natural", o da necessidade, esse que estará perdido na estrutura), como objeto pulsional, deverá articular-se com o desejo do Outro, objeto causa do desejo, para assumir seu papel nessa resposta central que é o fantasma.

Fantasma que enquanto axioma Lacan, em "A Lógica...", considera ao mesmo tempo a chave da significação do Outro e também aquilo que melhor obtura o rechaço apresentado por S($\cancel{A}$). Na reunião passada, aludi à comunidade topológica que Lacan define no Seminário XI como própria do objeto *a* em seu funcionamento pulsional e desiderativo. Observem que na fórmula da pulsão nos encontramos com uma ausência do objeto *a*, que só aparece no grafo no nível do fantasma. Isto mesmo já situa o fantasma como sobredeterminado pelo desejo e pela pulsão. Se percorremos o grafo podemos dizer que esse *a*, esse vazio que a pulsão contorna, pode-se situá-lo de maneira implícita no nível da pulsão (objeto como recuperação de gozo) e no nível do nó do desejo do Outro (objeto causa do desejo, objeto perdido freudiano). No nível do Outro (A), o *a* aparece em sua relação com o amor e sua demanda, prolongando-se em suas formas revestidas pelo *i* que são *i*(*a*) e *i*'(*a*'), introduzindo-se, pois, no eu com uma possibilidade de leitura múltipla, desde sua relação com o objeto no fantasma até sua relação com o especular, passando pelas ilusões do amor, vale dizer, todas as suplências do significante do "não há relação-proporção sexual".

Lacan nos diz que o sujeito é primeiro o objeto. Quando se pergunta o que é para o Outro como objeto, quando surge essa pergunta do sujeito atravessado pelo significante acerca do qual é o eu (*je*), a resposta é dupla: por um lado é o $\cancel{S}$ barrado, por outro o objeto *a*. Por essa razão a função do *je* oscila entre $\cancel{S}$ e *a* no fantasma.

Lacan caracteriza esta divisão do eu entre o $\cancel{S}$ e o *a* do fantasma com um termo de clara tradição freudiana: *Verleugnund* do eu. Em "A ciência e a verdade" Lacan introduz a *Ichspaltung* — correlativa em Freud da *Verleugnung* — como característica da divisão constituinte do sujeito. Divisão que contém a *Verleugnung*, na medida em que no ano seguinte, em "A lógica...", supõe que a mesma é inseparável do sujeito no ato. A cisão do eu freudiana não é, portanto, articulada com uma divisão do eu entendida como o *moi* francês, mas como uma divisão que afeta o eu como *je*. Esta divisão em Lacan é, então, solidária da *Verleugnung* (renegação ou desmentido) enquanto divisão do *je* entre o $ e o *a*. No nível do eu como *moi* continuaremos frente a frente com a *Verneignung* (negação). Vale dizer que o eu (*je*) se aloja em dois produtos da cadeia significante, por um lado na concatenação $S_1 — S_2$, por outro no que é produzido por essa própria concatenação, o objeto *a*, produto do simbólico que escapa ao simbólico.

O problema clínico ao qual aludi é o que se apresenta com aqueles sujeitos que recorrem ao psicanalista colocados na posição do *a*, onde o *je* se situa sob a insígnia do *a*. Quer dizer, que o sujeito se apresenta situado no lugar em que Lacan colocará o próprio psicanalista no discurso do analista, o de semblante de *a*. Esses pacientes, que não são perversos, se apresentam sobretudo pelo ângulo do que tradicionalmente se chamam impulsões, carateropatias, etc. O assentamento nesta posição é incompatível com a constituição mesma do $\overline{S.s.S.}$ e da transferência. Estes pacientes apresentam, também, dificuldades no estabelecimento da associação livre, são fenomenologicamente caracterizados como "duros". A pergunta que surge é a da relação dessas patologias com o fantasma e a pulsão.

O fantasma, ele também resposta, se apresenta como essa encruzilhada que é garante do desejo do Outro a partir da qual divergem, dissemos, essas duas respostas que são S($\cancel{A}$) e s(A).

Se nos dirigimos para a resposta inferior, s(A), convém precisar a articulação que em "De um Outro ao outro" se realiza entre significação e gozo. Já na primeira aula, ao retomar a renúncia ao gozo, Lacan assinala que o mais-de-gozar se funda na enunciação, devendo ser considerado, portanto, como *efeito* do discurso.

Isso nos leva a revisar, antes de entrar nesse tema, o conceito mesmo de consistência lógica. O porquê desse desvio fundamenta-se claramente no enunciado por Lacan ao definir a demanda como a forma que assume a enunciação devido à inconsistência do campo do Outro.

Partamos do fato de que um sistema formal matemático dedutivo — puro ou de ciência abstrata — implica um conjunto formado basicamente por quatro elementos: 1) termos indefinidos; 2) postulados implicados por estes termos indefinidos; 3) definições que envolvem os termos indefinidos para além dos postulados e 4) teoremas que se deduzem dos postulados. Ao utilizar em lógica um termo indefinido (ou símbolo sem significado) consegue-se, primeiro, evitar o dilema da verdade (dado que não há uma única verdade) e segundo (devido a se tratar de símbolos vazios, sem significado), proporcionar várias interpretações válidas. Registra-se aqui, sem dúvida, uma certa diminuição da hierarqua da verdade, a qual é solidária com a que sofre o conceito de verdade no ensino de Lacan.

Esses sistemas propõem, dentro do campo lógico, a pergunta acerca de qual é o limite de seu desenvolvimento. Pode-se chegar a um limite de desenvolvimento de um sistema dizendo se é verdadeiro, V, ou falso, F. Mas, qual é o critério de V ou F quando não intervêm termos empíricos? Nesse ponto surge o problema dos critérios lógicos. Quando podemos usar critérios empíricos podemos provar mediante experimentos, por exemplo, a aplicação de certas leis x no campo, suponhamos, da física. No campo da pura formalização matemática e lógico-matemática, por outro lado, não há nenhum referente em jogo, entretanto, este implica que um signo indica-o enquanto objeto.

O primeiro desses critérios lógicos de verdade, em oposição aos critérios empíricos, é o que afirma que um sistema de postulados abstratos deve ser consistente. O que quer dizer consistente? Uma definição lógica clara é a que diz que não é possível (ou seja, que está proibido) deduzir, a partir de qualquer dos postulados, um par ou mais de teoremas que se contradigam entre si. Quando se chega a duas conclusões contraditórias, o sistema axiomático (o axioma é outro nome do termo indefinido) é inconsistente e deve, então, ou bem ser descartado ou bem ser reparado.

Nesse ponto surge um novo problema. Suponhamos que não exista um par de teoremas contraditórios e, portanto, pode-se concluir que o sistema é consistente. Não obstante, é possível seguir deduzindo novos teoremas, dado que não se esgotaram todas as deduções possíveis de um sistema e poderia ocorrer que entre os novos teoremas deduzidos surgisse uma contradição. Se isso ocorresse, o sistema que consideramos consistente se tornará inconsistente. Portanto, para realizar um juízo de consistência necessitamos de todos os teoremas ou todas as deduções possíveis de um sistema. Assim, nos deparamos com o problema do não fechamento do universo do discurso, tema que Lacan enfatizou, e que em lógica deixa aberta a questão da possibilidade de inconsistência de um sistema.

Voltemos, para isso, ao problema do "todo" do sistema. Pode ocorrer que todos os teoremas possíveis não tenham sido deduzidos. Se tal fosse o caso, poderia então surgir algum teorema derivado desse sistema que fosse contraditório com outros teoremas do mesmo, tornando então inconsistente o sistema anteriormente consistente.

Dessa maneira, a inconsistência se apresenta como um risco intrínseco nos sistemas formais puros. Para compensar este risco admite-se um critério operativo de consistência que considera que um conjunto de postulados é denominado consistente se existe uma interpretação dos termos indefinidos ou axiomas que converta todos os postulados em afirmações verídicas, levando-se, portanto, em consideração tão somente as interpretações dos axiomas que sejam postulados verdadeiros.

O resultado dessa consistência operativa é o conjunto concreto, conhecido, de afirmações verdadeiras, que recebe o nome de modelo. Sem dúvida, é muito mais simples confirmar a operatividade de um modelo em física, onde o modelo empírico funciona melhor como prova da consistência de um sistema. Nos sistemas matemáticos puros as provas de consistência se reduzem à busca de um modelo, que não é um referente empírico, em outro sistema matemático já provado ou melhor provado, isto é, de maior força lógica. Em suma, desloca-se, então, o problema de um sistema matemático a outro sistema matemático. O que corresponde ao que habitualmente se chamou metalinguagem.

Encontramo-nos, pois, com o problema de como garantir a consistência do sistema que vem garantir a consistência do primeiro sistema. Todo o esforço de Frege, depois de Russel e outros, foi chegar a demonstrar a consistência absoluta de um sistema, dado que a prova habitual de consistência só estabelece a consistência relativa de um sistema.

Gödel, em 1931, em seu famoso teorema, demonstrou a impossibilidade para um sistema formal abstrato de demonstrar sua consistência. Nesse ponto devemos introduzir o problema da completude e da incompletude dos sistemas.

No sentido lógico, a incompletude de um sistema implica que este é considerado completo no caso em que é possível deduzir dele uma prova de qualquer proposição ou da negação de tal proposição. O sistema será incompleto na medida em que exigir hipóteses adicionais para provar determinados teoremas, que não são os axiomas, hipóteses que deve tomar de empréstimo, por exemplo, de outro ramo das matemáticas. O teorema de Gödel demonstra a incompletude dos sistemas formais através dos pontos de irresolução que estes apresentam. Os pontos insolúveis são aqueles pontos da dedução em que se apresentam elementos de um sistema que não podem ser nem afirmados nem negados. Ao encontrar esses pontos em que um postulado não pode ser nem afirmado nem negado, isto é, que não podemos decidir a respeito, o sistema não é completo, é incompleto. Esta incompletude não deve ser confundida com a que se mencionou antes em relação à consistência, quer dizer, não deve ser confundida com a própria inconsistência.

A inconsistência, recordem, é o ponto em que existem em um sistema duas proposições contraditórias entre si, cada uma delas, separadamente, é verdadeira ou falsa, mas não insolúvel. Na prova de Gödel, por outro lado, a incompletude é gerada por um postulado acerca do qual é impossível decidir se é verdadeiro ou falso.

Portanto, uma coisa é a inconsistência e outra a incompletude, que depois pode ou não se associar em um sistema determinado. Isso implica que se deve prestar atenção quando Lacan se refere ou bem a incompletude ou bem à inconsistência, pois ao longo de seu Seminário se refere a ambas.

Voltando ao nosso tema, centrado na inconsistência nesse Seminário — mas não alheio, como se verá, à incompletude e ao insolúvel —, o problema é formulado em relação com Outro do significante. É, portanto, um problema articulado dentro da lógica do significante, não um problema de ordem empírica. Pelo contrário, é essa lógica que torna significativa e que organiza a própria experiência.

O problema que aqui enfrentamos é o que propõe o estatuto especial do objeto em psicanálise, desse objeto que Lacan delimitou como objeto *a*. O propósito de Lacan é justamente de separar tal objeto do enfoque empirista até então predominante, diria inclusive do enfoque fenomenológico até então imperante, por exemplo no kleinianismo. Por essa razão o objeto *a* não é o objeto parcial, mesmo que sua teorização se apóie em dito objeto. Lacan pretende, pois, fundá-lo em uma existência lógica, não em uma existência de fato e, nessa busca, o exame da consistência do Outro do significante é um passo indispensável. O Outro do significante é inconsistente por sua própria dependência da estrutura da linguagem e da impossibilidade da mesma de assegurar a existência da relação sexual, de assegurar ao sujeito uma identidade sexuada, além de sua incapacidade de assegurar-lhe uma identidade apenas. O objeto *a* é precisamente esse resto do próprio encadeamento significante onde essa impossibilidade se faz presente. Entretanto, esse resto deixa de ser metáfora para tornar-se real lógico, vale dizer, impossível lógico, mas um impossível que conserva com a verdade uma relação que lhe é peculiar.

Podemos, nesse ponto, recordar que Lacan, já no Seminário I, definia a significação como o que remete a outra significação. Este remetimento que implica uma conceitualização da referência lingüística, que então já não era empírica, entendida como significação, está na própria base da conceitualização inicial do objeto como metonímico. Mas esse objeto é ainda presa da metonímia e da metáfora, ponto no qual permite uma apreensão fenomenológica do objeto, ponto em que sua articulação ainda está muito próxima da do kleinismo. A delimitação do objeto como real contém sua articulação para além da significação, ainda quando possamos registrá-lo no nível da significação.

Tendo presente o anterior, podemos nos perguntar por que o objeto *a* em "A lógica do fantasma" é aludido ao mesmo tempo em termos de primeira significação e primeiro referente.

Para isso devemos examinar, brevemente, os conceitos de referente (lógico, não lingüístico) na obra de Frege, a quem Lacan, como sabem, cita muitas vezes. Fazê-lo nos permitirá entender uma frase da "Proposição do outubro de 1967 para a formação do psicanalista", onde esses dois termos fazem sua aparição.

Frege faz um uso particular do termo alemão *Bedeutung*, uso altamente polêmico na lógica até o dia de hoje, polêmica na qual não penetraremos, pois o que me interessa é como nos permite elucidar o uso peculiar que Lacan faz dos termos significação e referente.

Frege os diferencia em seu artigo "*Ueber Sinn und Bedeutung*", traduzido alternativamente, em geral sem demasiadas explicações se é que há alguma, como "Sobre o sentido e a significação" ou como "Sobre o sentido e o referente". Observam que o dissentimento na tradução recai sobre o termo *Bedeutung*, traduzido alternativamente como "significação" ou "referente", coisa que em inglês e em francês também ocorreu (*meaning* ou *referent, signification* ou *referent* respectivamente), pois o termo *Sinn* não se prestou à vacilação alguma, *sense* em inglês e *sens* em francês.

Ferrater Mora, para tomar um dos textos de consulta mais importantes de nossa língua entende, por exemplo, o *Sinn* como conotação — entendida como nota ou conjunto de notas que determinam o objeto ao qual se aplica um nome, termo ou símbolo — e a *Bedeutung* como denotação — objeto ou objetos aos quais se aplica o nome ou símbolo. Espero que se considere que esta forma de situar os dois termos corresponde ao problema da significação e o referente que aqui nos interessa.

O mesmo Frege assinalou que a palavra alemã *Bedeutung* tem dois sentidos possíveis: primeiro, significação e, segundo, referente. Este último é solidário, para Frege, de um uso técnico do termo, derivado do verbo *deuten*, contido em *Bedeutung*, que significa apontar, indicar, assinalar, isto é, que remete à função referencial primeira, a do "isso", a da indicação, a do dedo, o índice apontando para algo. Frege tinha cabal consciência de que ao usar o termo como implicando referente estava fazendo um uso técnico do mesmo, estava introduzindo uma inovação terminológica.

Frege dá um exemplo que se tornou clássico: estrela matutina e estrela vespertina são duas denominações cujo referente-significação é o mesmo: o planeta Vênus. Este é, então, um referente ou uma significação com dois sentidos. Outro exemplo é formular 2 + 2 = 4, dizer 2 + 2, ou dizer 4. Nesse caso temos dois modos diferentes de nomear algo que tem um único referente. Desse modo, nos defrontamos a critério de Frege com variações do nome próprio, as quais podem estar dotadas de mais de um sentido.

Um signo completo para Frege implica a coexistência de um sentido e um referente. Mas todos sabemos que existem signos sem referente empírico, por exemplo, o unicórnio, *topos* clássico na lógica. Lacan se refere a esse problema muitas vezes. De acordo com a definição que acabamos de dar, o unicórnio seria um signo incompleto, dado que lhe faltaria um de seus componentes, o referente ou significação, a *Bedeutung*. Frege, nesse ponto, opõe então a ficção literária à história a fim de demonstrar que não existem signos incompletos. Desse modo, uma coisa é relatar a travessia do Rubicão por Julio César, e outra, totalmente distinta, o aludir à tragédia de Shakespeare. Trata-se ou não do mesmo Julio César? No primeiro caso o nome próprio remete a uma pessoa real, histórica, que é seu referente na dimensão da história. No segundo, remetemos a um referente literário (a obra de Shakespeare) que tem, para muitos, mais realidade que o referente histórico.

O *tour de force* de Frege é postular que no caso da ficção literária o referente-significação está constituído pelos valores de Verdade (V) e Falsidade (F) em si mesmos. O problema está proposto incorretamente se nos perguntamos se o unicórnio ou Júlio César existem ou não empiricamente. A proposta adequada é se é ou não verdadeiro o que deles diz a ficção. Não se trata de comprovar, por exemplo, se para os gregos existiam ou não os sátiros, a verdade dessa ficção no mundo grego. O mesmo podemos dizer do unicórnio na Idade Média, na qual sua presença simbólica tinha uma importância peculiar; testemunho disso é a tapeçaria que se encontra, ainda hoje, conservada no Museu de Cluny em Paris.

Na ficção literária funcionam os valores lógicos de verdade e falsidade, não os valores empíricos. Por esse ângulo, todo signo pode ser considerado uma nominação, coisa que não é nada do agrado dos lógicos empiristas. Essa posição de Frege não pode deixar de nos evocar a definição de Lacan do desejo como uma ficção verdadeira, vale dizer, uma ficção sem referente empírico ou significação empírica, cujo referente é o V do valor lógico de verdade.

Encontramos em Lacan o uso do termo *Bedeutung* em suas duas acepções possíveis, significação e referente. A primeira é usada com relação ao falo e a segunda com relação ao objeto *a*. Assim, ao traduzir para o francês o título de sua conferência proferida em alemão, escolheu o termo significação "Significação do falo", para seu artigo dos *Escritos*. O objeto *a* é definido alternativamente com ambas acepções, mas é claramente o referente lógico da ficção desiderativa. O *a* é portador de um valor de verdade, não de um valor empírico ou fenomenológico. Pelo contrário, seu valor de verdade explica e funda sua própria fenomenologia.

Esta diferença nos permite entender a formulação central que Lacan realiza na "Proposição..." à qual aludi antes. Diz ali ao introduzir a fórmula do $\overline{S.s.S}$.: "Debaixo da barra, mas reduzido ao padrão de suposição do primeiro significante: o *s* representa o sujeito que resulta dele, implicando no parênteses o saber, suposto presente, dos significantes no inconsciente, *significação que ocupa o lugar do referente ainda latente nessa relação terceira que o associa ao par significante-significado.*" [O itálico é nosso] (*Momentos cruciales de la experiencia analítica*, Manantial, p. 13.)

Na parte em itálico da citação Lacan sustenta que no lugar em que situa o sujeito como significação, nesse mesmo lugar está latente e deverá vir a ocupá-lo o referente latente ainda não manifesto. Portanto, o lugar da significação de sujeito — significação que permite a instalação do $\overline{S.s.S}$. — é aquele onde deve instalar-se, posteriormente, esse referente que é o objeto *a*. Aqui aparece a dupla dimensão em que intervém a *Bedeutung* no curso de uma psicanálise; aparece primeiro como significação do sujeito, significação que, sabemos, remete sempre ao falo, significação que funda o $\overline{S.s.S}$. como suposição de um sujeito ao saber do inconsciente, em cujo lugar, ao cair precisamente dito $\overline{S.s.S}$., ao final da análise, aparecerá o referente latente, o *a*, nesse lugar designado na estrutura. Esta frase de Lacan, para mim inicialmente enigmática, torna-se clara se temos presente a bivalência do termo *Bedeutung* em Frege.

O signo da ficção verdadeira que é o desejo é, pois, um signo completo, dotado de uma significação, a do sujeito sob o falo, e de um referente, que aparece quando cai a significação de sujeito, o *a*. Quer dizer que podemos dizer que se a fórmula se calca inicialmente na formalização do signo saussureano $\underline{S}$, ao final torna-se segundo Frege:
$$\frac{S}{\text{referente (latente)}}$$

ou seja, uma das formas do signo completo de Frege. Temos, pois, uma notável coerência na "Proposição..." na medida em que nela o final de análise se define por um duplo movimento: do lado do paciente verificamos uma destituição subjetiva e do lado do analista, correlativo da queda do $\overline{S.s.S.}$, o surgimento do des-ser sob a forma do objeto *a*, isto é, por um lado a produção de S_1 e, por outro, o surgimento do vazio essencial do referente lógico.

Esta separação da significação de sujeito e do referente que é o objeto *a*, é exatamente o que indica o final de análise como estabelecimento e separação dos dois elementos, cuja conjunção configura o *agalma*, sob cuja égide a análise se incia: (-φ) e *a*.

Na própria disjunção desses dois elementos emerge o des-ser do *a*, já privado do brilho fálico. Des-ser que recai sobre o analista, trazendo à luz aquilo que o efeito mesmo de $\overline{S.s.S.}$ encobre. O tu, suposto no início da transferência, cai revelando o des-ser do objeto causa, o que cai, por sua vez, de sua própria posição. A credibilidade que se oferece ao $\overline{S.s.S.}$ tem seu fundamento na presença implícita, latente do *a*, no lugar mesmo em que se situa a significação de sujeito. Vale dizer que, mesmo que não saibamos qual é, mesmo que não o conheçamos, o *a* como referente lógico está presente desde o início de toda análise, fundando, em última instância, a transferência. A aparição desse referente em toda sua verdade de ficção é incompatível com a persistência do $\overline{S.s.S.}$

O *a*, como referente lógico, situa-se sempre em relação ao Outro barrado, (Ⱥ), e é aquilo que, por excelência, obtura sua inconsistência. Ao obturá-la, faz do Outro um Outro sem barrar, não desejante. Esta obturação, é fundamental tê-la presente, é uma obturação lógica que se funda no objeto como esse desejo da operação subjetiva dotado de um valor de verdade que lhe é próprio, que, enquanto tal, lhe permite exercer tal função de obturação.

Da próxima vez farei referência a um caso clínico no qual pode-se observar uma forma de demandar análise que, mesmo que seja freqüente, apresenta uma dificuldade peculiar. Trata-se de sujeitos que se apresentam em posição de objeto, onde o objeto não está latente, mas está em ato diante de nós, o sujeito se identificando com ele. Esta forma de recorrer à análise é incoerente com a possibilidade mesma de instalação do $\overline{S.s.S.}$ Esta forma de apresentação não é própria de nenhuma estrutura — neurose, perversão, psicose —, mas torna difícil o próprio diagnóstico da estrutura. Cabe recordar que chegar na posição de objeto não é patrimônio de nenhuma estrutura em particular. Sujeitos que se apresentam desse modo nos confrontam com certas dificuldades no que diz respeito à entrada em análise, que espero poder trabalhar em relação ao caso que apresentarei na próxima aula.

III

Começaremos hoje com o caso. Não se trata de uma paciente que sofre uma neurose grave, mas, a meu juízo, de alguém a quem não é fácil analisar. Nem sempre a gravidade e a dificuldade analítica são solidárias. Esta forma de apresentação, que é relativamente freqüente, cria nos analistas, ao menos em minha experiência, certa sensação de impotência e de impaciência. Não se deve confundir esses sentimentos com a impossibilidade lógica de uma análise, porque só podemos falar de inanalisabilidade quando nos encontramos com um obstáculo no nível lógico, não quando encontramos um obstáculo no nível da impotência ou da impaciência.

Antes de começar quero esclarecer que incluí o grafo simplificado e o esquema da alienação, tal como Lacan o apresenta em "A lógica do fantasma". A opção alienante já não é "ser o sentido" como o Seminário XI, mas sofre a negação complementar de de Morgan ou lei de dualidade, como é chamada habitualmente em lógica. Lacan aplica essa negação ao *cogito* cartesiano para obter uma disjunção, um vel alienante entre um "ou eu não penso ou eu não sou", que é a transformação sob a qual o *cogito* cartesiano pode ser operativo em psicanálise. Por que o incluo? O incluo, precisamente, porque entre o grafo na versão tradicional, de "Subversão do Sujeito...", e o grafo tal como aparece com as modificações que vimos introduzidas por Lacan em "De um Outro ao outro", estão esses esquemas da alienação que são fundamentais para situar a problemática que me interessa sublinhar a nível clínico.

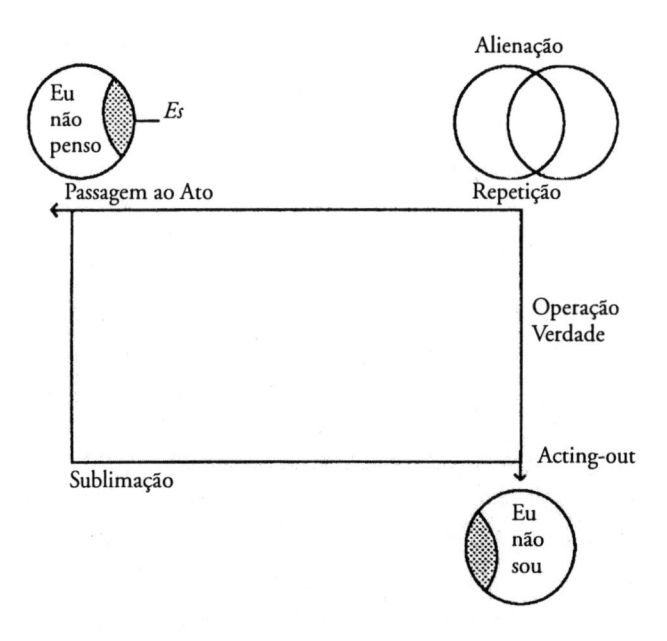

```
         Alienação
    Eu
    não  ─ Es
    penso
      Passagem ao Ato    Repetição
                                │
                                │ Operação
                                │ Verdade
                                │
                                │ Acting-out
      Sublimação              Eu
                              não
                              sou
```

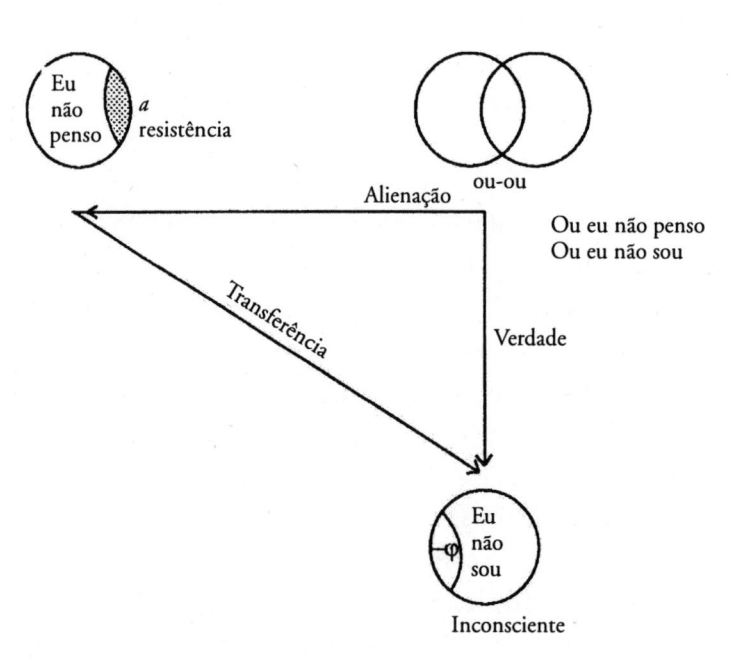

```
    Eu
    não  a
    penso  resistência
                        ou-ou
              Alienação
                                Ou eu não penso
                                Ou eu não sou
          Transferência
                          Verdade
                              Eu
                              φ não
                              sou
                            Inconsciente
```

Vamos ao caso. Não me interessa tanto elucidar certos detalhes da história, como pontuar alguns momentos do que podemos chamar em sentido estrito seguindo Lacan: a direção da cura. Direção que, evidentemente, se reconstrói retroativamente a partir do momento atual dessa paciente em análise. Não é uma análise que esteja em seu fim, é uma análise que passou por avatares importantes que, creio, são de interesse.

Trata-se de uma mulher jovem, casada, tem vários filhos. É uma profissional que trabalha com seu marido em um comércio da Grande Buenos Aires, está em uma boa posição econômica e consulta, primeiro ponto, de um modo extremamente vago, não há na consulta nada que permita delimitar bem o que ocorre. A única coisa que há é uma queixa inespecífica sobre um mal-estar, mal-estar que não se sabe bem se é consigo mesma ou com os demais, parece oscilar entre uns e outros. Para a pessoa que a recebe é evidente que esta paciente poderia ser incluída, a partir da visada médica, no quadro da obesidade, mas não faz nenhuma referência a ela nessa consulta e não aparece como sintoma, no sentido de proposto subjetivamente como problema. Antes, as queixas que, como disse, são inespecíficas, centram-se em certos aspectos imaginarizados de rivalidade, seja com seus irmãos, seja com seus cunhados, seja com seus sogros, seja com seus filhos, seja com seus próprios pais. Isto é algo que poderíamos situar, grosso modo, como rivalidades imaginárias, e há também uma queixa em termos de frustração de amor, mas muito ambígua. Tampouco é alguém cuja vida esteja caracterizada (no momento em que pede análise) por um excesso de frustrações "reais" nem nada que se pareça. Tem várias análises e terapias que não sabe muito bem o que lhe deram, salvo um vocabulário quase pronto para referir-se ao que está passando. Isto também acontece freqüentemente, e, às vezes, há que se discriminar bastante trabalhosamente, quanto de interpretações recebidas estamos escutando e quanto do próprio sujeito está em jogo, quanto tem a ver com aquilo que padece como sujeito do inconsciente. Escutamos antes a opinião de terapias diversas, incluindo um jargão híbrido de orientações psicanalíticas e não psicanalíticas.

Esta paciente se apresenta com este panorama realmente pouco claro, pareceria por outro lado, alguém claramente neurótico, mas a única coisa que consegue dizer é que experimenta um mal-estar que não pode definir. Algo que Lacan, no quadro que vocês quiçá recordem do Seminário "A angústia", situa ao nível do embaraço como *pathos*. Tampouco é angústia franca. Então surge a pergunta e é a pergunta com a qual a analista tratou este caso. Alicia Hartmann, refletiu comigo: o que fazer com esta pessoa que consulta e não se sabe bem o porquê nem para quê? Não pedia nada, a não ser livrar-se dessa sensação de estar mal situada.

Obviamente, creio que descreve algo que vemos com freqüência; esta forma de se apresentar não é original e acredito que interessa porque pode-se dizer que esta mulher consultava por sua obesidade, por seu excesso de peso, mas não mencionava isso. Que não mencione isso não é necessariamente da ordem da negação, pois, quiçá nesse momento não lhe seja problema. O que chama a atenção, sim, é algo que Lacan caracterizou como fundamental no que diz respeito à posição do analisando, é que, aparentemente, não há pergunta, é antes o analista que começa a perguntar-se para que essa pessoa se consulta? O que quer? Justifica-se uma análise? Justifica-se a entrevista ou não se justifica? O que se passa? Este questionamento do analista muitas vezes leva alguém à supervisão, outras vezes a discuti-lo com outros colegas ou a perguntar a si mesmo, não importa; o importante é que a pergunta se situa, de saída, do lado da função analítica. Com a qual muito grosseiramente podemos dizer que o efeito de divisão subjetiva está do lado do analista, do perguntar-se acerca desse tipo de sujeito que não se faz perguntas. Precisamente, pode-se observar na apresentação desse paciente o que designaria como um ponto de partida caracteropático. Por que caracteropático?

Na realidade é dar um sentido novo a algo que, estritamente, a partir dos trabalhos freudianos sobre formação reativa e sobre neurose obsessiva especialmente, dará origem ao que, depois, os pós-freudianos ou os contemporâneos de Freud se questionaram sobre as neuroses de caráter. Nas neuroses de caráter o sintoma é assimilado ao eu, quer dizer que o sintoma não é egodistônico, para usar a terminologia clássica, mas é egossintônico. Não obstante, o que aqui chamo ponto de partida caracteropático não faz a dessintonia ou a sintonia de um sintoma com o eu. Dado que o caráter e o caracteropático são coisas que se prestam à confusão, prefiro primeiro tomar estes temas por um ângulo terminológico.

O termo inglês é *character*, que em inglês, além de ser caráter, é personagem. Os *characters* são os personagens de uma obra. Os personagens e o caráter como personagem se aproximam mais de certa instalação na posição egóica que parece ser própria desse tipo de consultas. A posição que aqui chamo caracteropática é, portanto, algo que corresponde mais a uma certa forma de assumir o eu (no grafo se situa no nível do *i(a)*, ali mesmo se situa a caracteropatia). Se nos situamos no grafo, é a partir de uma resposta onde se apresenta esta paciente, não obstante não há que esquecer, que o sintoma também é uma resposta, portanto não se pode definir esta apresentação como própria de um situar-se no grafo do lado das respostas. Há uma especificidade que me parece importante sublinhar. Pareceria que há uma disjunção particular que faz com que alguns sujeitos cheguem a uma consulta a partir de uma posição, que não é a do sintoma que faz pergunta, mas a de um *character*, a de "uma forma de ser", que não faz pergunta. Quiçá poderíamos dizer que, nesta paciente, este mal-estar difuso é algo assim como um incomodo em sua própria pele, ainda não muito definido. Essa pele quiçá possa ser o eu, podem ser muitas coisas, mas creio que a frase portenha "estar incomodado na própria pele" é bastante clara para descrever esse vago mal-estar, que não faz pergunta porque é muito difícil de precisar, para o sujeito, o que é essa pele.

Há dois momentos onde Lacan faz uma alusão a isso: no comentário sobre Lagache e também em "Subversão do sujeito...". Nos seminários posteriores, Lacan assinala que é comum que o sujeito translade o efeito de *fading*, para o eu, para o *moi*, e suponha permanência ao sujeito do inconsciente. Quando Lacan faz aqui este esclarecimento, faz uma breve digressão acerca dos problemas que implica atribuir o caráter pulsátil do sujeito do inconsciente ao eu, e, por sua vez, atribuir ao sujeito do inconsciente o caráter estável do eu. Diríamos que não é o caso desses pacientes cujo mal-estar se produz na medida em que não conseguem delimitar os efeitos pulsáteis do sujeito do inconsciente, efeitos que se chamam formações do inconsciente. Sobretudo a partir do artigo de Lagache (que é, nesse sentido, um artigo chave para o que estamos discutindo); o que de algum modo pode-se pensar é que o que aqui chamo caracteropatia, não pode, apesar de tudo, ser totalmente explicado no nível do piso inferior do grafo. Encontramo-nos, muitas vezes, com esta caracteropatia na qual o *character*, o personagem, está incomodado consigo mesmo. Este é o ponto em que alguém pode vir a pedir algo como sujeito. Quando está presente esse incomodo, esse mal-estar, é quiçá o único ponto em que percebemos, para além do eu, um efeito subjetivo. Isto permite aceitar a consulta e abrir, digamos assim, um princípio de escuta, uma série de entrevistas preliminares.

Porém, esses "personagens" que criam incomodo para o sujeito, para o analista criam uma certa sensação de que não podem ser comovidos, de que têm algo da solidez de um rochedo, e não o da castração precisamente... Não é isso o que está em jogo; em todo caso o analista é o que se sente castrado, começa a sentir-se "impotente", e começa a assumir realmente certa histerificação, esclareço: o analista e não o paciente. Por isso lhes estabeleço que não é algo que nós possamos resolver pelo ângulo das estruturas clínicas e do desejo, já que isso pode aparecer em estruturas clínicas muito diversas. Portanto, não nos serve a definição de egossintonia ou egodistonia: obviamente, nesse "personagem" podem incluir-se alguns sintomas. Parte do processo de análise consiste, às vezes, inclusive em que esses sintomas apareçam como sintomas, mas o problema não se esgota no sintoma. Isso remete à homologia entre o eu e o fantasma na qual Lacan sempre insistiu, na medida em que ambos são respostas ao desejo do Outro. Observem vocês que o eu e o fantasma como respostas ao desejo do Outro se diferenciam, em relação a essa homologia, do sintoma como resposta ao Outro da demanda, quer dizer ao Outro do piso inferior. Aqui, em vez disso, nos deparamos com alguém que faz consistir o Outro, através de seu "personagem". Seu "personagem", seu *character*, está destinado a transformar o Outro em consistente e, por causa disso, a ocultar sua inconsistência.

Lacan nos disse algo parecido da perversão: mas isto, mesmo que tenha algumas similitudes, não é o mesmo que a posição do perverso. O incomodo, o embaraço, o mal-estar, são os pequenos sinais subjetivos que nos dão a pista de que podemos continuar escutando. Esclareço isso porque o importante dessa presença, que não logra estabilizar-se em um ponto de acolchoamento sintomático, me parece algo ao qual se há de prestar muita atenção, por isso a indeterminação da queixa, por isso inclusive seu deslocamento fácil, pode ser um dia porque a sogra lhe respondeu mal, outro dia porque um dos meninos teve um problema no colégio, outro dia por qualquer coisa, e assim se produzem sucessivamente uma série de queixas triviais que deixam o analista desarmado. Alguém diz: bom, são as coisas da vida cotidiana e se pergunta: não estaremos frente a alguém que simplesmente sofre, não da miséria neurótica, mas da miséria de viver e frente à qual nós não temos nada para oferecer? É uma pergunta que vale a pena se fazer. Porque, nesses pacientes, e nessa paciente era especialmente evidente, as queixas eram realmente triviais, quase da ordem do que se poderia descrever como textura básica de uma conversa cotidiana no café. Apenas isso, e, além disso, não das mais interessantes, mas antes, muito tediosa.

Não obstante, creio que aqui está o incentivo para nós: o que se passa com alguém que, além disso, paga para isso? Porque afinal, pode pagar um café, não é o mesmo que pagar uma sessão. Então alguém se pergunta o que é que esta paciente está buscando, porque de algum modo nos vem buscar; portanto, devemos escutar o que é que há nesse pedido ou nessa busca, o que se passa com este sujeito e, ponto essencial, como podemos fazê-lo surgir.

Primeiro ponto: temos um paciente que não é paciente e que nos exige paciência; segundo ponto: tampouco se trata de querer comovê-lo muito rápido, tem que nos dar alguma permissão para comovê-lo, porque pode ser que não queira que o comovam.

Então esta pessoa a qual me refiro é alguém que não tem pergunta, bastante tediosa, e tem algo que salta aos olhos que é sua gordura, mas à qual não faz referência. Além disso, tenhamos claro, a gordura, a obesidade é um sintoma médico, não é um sintoma psicanalítico. Falstaff, para tomar um personagem de teatro, não sentia sua gordura como sintoma; porque defini-la, *a priori*, para um sujeito como sintoma, é difini-la a partir de um ideal, datável historicamente, um ideal de magreza, então cuidado com os ideais, não somos dietistas que devemos conseguir algo assim como pacientes belos e sãos, de corpo e mente. O que fica claro, é que é uma dessas obesidades que não se acompanha de transtornos hormonais ou de outro tipo, que possam justificá-la. Tampouco se trata de um sujeito ao qual a gordura lhe provoque incomodo e, se é assim, nós não podemos induzi-la. Porém, fica claro que este sintoma médico tampouco é correlativo de alguma estrutura psicopatológica, quer dizer, há obesidade na neurose, na perversão e na psicose, e em todas as variantes de cada uma delas que vocês queiram encontrar. Portanto não podemos dizer que seja, no sentido psicanalítico da palavra, uma estrutura clínica. Como situá-la? Vamos deixá-la com um sinal de interrogação, provisoriamente.

    Esta paciente se caracteriza em sua descrição — aí sim devemos escutá-la —, fala, em meio a esse tom um pouco reivindicativo e queixoso, de que é alguém que sempre está muito ocupada, fazendo muitas coisas, sempre respondendo de um modo ou de outro a demandas diversas, familiares ou de outro tipo. É, sem dúvida, o que todo mundo pode qualificar como uma boa pessoa. Ao seu redor há aqueles que fazem sintoma, especialmente seus filhos, tem três filhos dos quais dois estão em análise. Entretanto, tampouco com sintomas de uma excessiva gravidade, mas sintomas relativamente freqüentes na infância. Porém, aparecia como instalada nessa posição, na qual desde o trabalho conjunto com marido em um comércio, até responder aos seus deveres como mãe e dona de casa, tudo, tudo, estava cumprido, inclusive, respondia às exigências de seus pais e também às de seus sogros, quer dizer, também cumpria os deveres com a geração mais velha. Obviamente, estava sempre ali onde a chamavam. Então, começará a pedir também? É obediente; se alguém começa a pedir, aventura-se simplesmente a reproduzir o circuito fatigante que começa a esboçar com o tédio, o mal-estar ou o cansaço que tem com seu "personagem". Inclusive uma pergunta é pedir. Em francês a palavra *demande*, dizia-lhes, mostra a coincidência dos dois sentidos, pedir e perguntar. Mas, perguntar é também pedir e especialmente em análise.

    O que fazer? Diria que, em primeiro lugar, escutar, simplesmente. Escutar as queixas, dizer-lhe que tem razão, por exemplo, e nada mais, durante um tempo, até que comece a se mostrar algo mais. Por quê? Em "A direção da cura...", Lacan diz que o analista se caracteriza por criar demanda a partir da oferta. Qual é a oferta analítica aqui? É basicamente uma oferta de escuta. Esta oferta de escuta, nesse caso em particular, deve evitar repetir o circuito em alguém que se situa em uma posição de objeto oral, quer dizer, de demanda ao Outro; os outros demandam a ela e sua posição é a de responder imediatamente. Não é uma posição do tipo demanda do Outro, mas antes consiste em dar-se, não é a oblatividade obsessiva, mas o que poderíamos chamar a generosidade oral, traço que Abrahan já havia descoberto como próprio do caráter oral. É, inclusive, alguém que até se adianta à demanda e está ali antes que o outro chegue a demandar.

Esse personagem, personagem de boa mãe, boa esposa, boa trabalhadora, obviamente, a torna imune à crítica e consistente, e mantém tanto a ela como a esse Outro. Portanto, se recordamos a formulação a que me referi nas duas reuniões anteriores, que a demanda a nível inconsciente tem a ver com a inconsistência do Outro, aqui a inconsistência do Outro não aparece, o que aparece em seu lugar são queixas sobre o Outro, que não é o mesmo que dizer que o Outro é inconsistente. Queixas que às vezes fazem a sua incapacidade para dar um jeito nessas queixas que tem sobre os outros. Diria que essas queixas sobre o outro abrem o caminho para um questionamento do Outro, mesmo que ainda não seja mais que um esboço. Escutar e, em certo sentido, lhe dar razão é começar a questionar esse Outro em sua consistência.

Obviamente, é difícil pensar nessa posição da paciente e nesse "personagem" como separado do fantasma, mas tampouco sabemos qual é seu fantasma. Poderia suceder que o fantasma a nível inconsciente não fosse oral, poderia ser que sim. Não podemos assegurar, a partir dessa apresentação, que o seja. E, ponto importante, é evidente que nessa posição há, para este sujeito em particular, um ganho de gozo. Não podemos fazer um diagnóstico de estrutura clínica porque tampouco se manifesta como um desejo insatisfeito, precavido ou impossível. Na medida em que não é nenhum dos três, mais nos inclinamos a pensar que nos defrontamos com alguém que, desse lugar egóico, obtém certo ganho, certo mais-de-gozar que faz ao Outro consistente.

Queria fazer aqui um apontamento para diferenciá-lo da perversão. Não se trata do gozo ou do mais-de-gozo como fazendo existir o Outro do gozo e o gozo do Outro, ponto em que se situa o perverso. Nesse caso, trata-se de uma neurose e, como tal, o gozo na neurose é a verdade que faz consistente o Outro e o seu desejo. Isso quer dizer que o que esta paciente sustenta é ao Outro garante da verdade, não ao Outro lugar do gozo. Parece-me importante esta diferença porque costuma se misturar o Outro do gozo com o ponto de gozo no Outro, gozo cuja ausência, diz Lacan, faria vão ao universo. Este ponto de gozo que está representado especificamente pelo mais-de-gozar e pelo objeto *a*, em sua função de mais-de-gozar, pode sustentar ao Outro em sua consistência, como garante da verdade, que não é o mesmo que a consistência como garantia da existência do gozo todo. O que sustenta aqui é a verdade toda, não o gozo todo e por isso estamos falando de uma neurose e não de uma perversão.

Precisamente nessa paciente à medida que avançam estas entrevistas cara a cara, que têm quase um ano, começam a aparecer alguns temas, pouco a pouco, simplesmente ao escutar e ao reafirmar a inconsistência do Outro, quer dizer, a queixa. Observem vocês que esta não é a posição que se assume com uma Dora, Dora não era uma caracteropática, Dora tem sintomas. Então Freud pode fazer sua famosa pergunta: "O que você tem haver com tudo isso?" Aqui não sabemos o que é tudo isso, porque a única coisa que há são queixas banais e triviais, sobre os obstáculos da vida cotidiana. Isso estabelece que tampouco podemos fazer o questionamento direto, "o que você terá haver?" Porque primeiro o Outro tem que balançar um pouco, quer dizer, tem que se produzir certo deslizamento pelo qual o ganho de gozo dessa posição de objeto oral que se oferece como diz Lacan, como "pasto ao Outro", e que assegura assim sua consistência, se veja comovido. Mas isto implica, em primeiro lugar, comover ao Outro. Como se dá nessa análise? Digo análise porque hoje podemos dizer que foi uma análise, e que o é, ainda.

Temos um contraponto que vai aparecendo pouco a pouco e que não é exatamente um sintoma, mas que corresponde aos ataques de bulimia que vão pouco a pouco sendo relatados. O ponto importante da bulimia, tal como aparece nesse caso, e nem sempre é assim, é que aparece como uma impulsão, uma impulsão para diferenciá-la de uma compulsão. Isto é, que esta pessoa sustenta-se nesse lugar no qual é "pasto da devoração" dos outros, cada um tem uma vivência de que não pode mais, uma vivência de mal-estar que às vezes chega à angústia. Estes momentos produzem-se quando as demandas que lhe fazem os outros chegam a certo acme ou quando ela não pode responder ao enorme nível de demanda que lhe chega. Aí é quando cai da cena como objeto que assegura a verdade do Outro, através desse ponto de gozo, e se produz a passagem ao ato que é a bulimia, quando já não pode se sustentar nessa cena, que está por trás do "personagem" egóico. Portanto, temos o que Lacan caracteriza em sentido estrito como uma passagem ao ato. Permitirei-me fazer aqui uma pequena digressão teórica.

Em "A lógica do fantasma", quando Lacan propõe a opção alienante, formula que a negação se aplica à interseção dos dois círculos, isto é, ao eu (*je*), não ao "penso" nem ao "sou". Na realidade, "eu não penso" afeta ao eu (*je*), assim como o "eu não sou" afeta ao eu, isto é, há "um não ser do eu" e "um não pensar do eu". Por outro lado, Lacan no Seminário XI propunha a alienação como a opção entre ser e sentido. Aqui isso se modifica e é uma opção entre o não ser do *je* (do eu), que caracteriza o pensar inconsciente, e o "eu não penso" que implica que existe um ser que é pensar sem eu (*je*). Lacan diz em "A lógica do fantasma"— leva tempo dar-se conta de quão sábio é o que nos diz — que a escolha obrigatória no sentido da alienação é a que leva ao "eu não penso", e que, por outro lado, a opção da análise é a que leva ao "eu não sou". Isto é de suma importância, porque estes pacientes são sujeitos que chegam colocados na posição do "eu não penso". Por isto não há pergunta. Lacan diz (na aula de 11 de janeiro de 1967 de "A lógica do fantasma") que a escolha do "eu não penso" permite que surja algo cuja essência é ser *não-eu*, em francês é *pas-je*, enquanto que colocado na interseção de um eu (*je*) penso e um eu (*je*) sou, quer dizer, algo que se sustenta por não ser *je*. Acrescenta que esse "*não je*" se positiviza de uma forma particular que é o *Es* ou o Isso freudiano. Quer dizer, que quando o "não penso" se positiviza dá um ser que se afirma no *Es*, [Isso] ou Isso freudiano*. Lacan diz: não é a primeira, nem a segunda, nem sequer a terceira pessoa, é algo de ordem gramatical, é algo que se mostra na pulsão e que se expressa, por exemplo, na frase do fantasma "uma criança é batida". Marca assim a articulação particular entre o fantasma e a pulsão pelo lado da escolha do "eu não penso".

---

* A língua espanhola comporta o pronome demonstrativo *Eso* (Isso), que indica uma determinada coisa, especialmente para identificá-la, ou uma coisa conhecida ou nomeada antes e o pronome pessoal *Ello* (Isso), que é a forma do pronome de terceira pessoa em gênero neutro e número singular, para o sujeito ou para o complemento acompanhado de preposição. Assim, como em língua portuguesa esta tradução se faria impossível, optamos por traduzir o pronome demonstrativo *Eso* pelo pronome demonstrativo sob a forma [*Isso*]. (N.T.)

O eu, o *i*(a), é solidário desse movimento de modo tal que encontramos algo que é impossível de expressar no grafo. Por quê? Porque resulta que, aqui, as respostas estão encarnando a resposta fantasmática cuja estrutura definitiva não se conhece, e cujo primeiro esboço aparece nesse lugar homólogo ao fantasma que é o eu encarnando a satisfação pulsional. Por isso se produz a bulimia como passagem ao ato, como impulsão, para dar-lhe seu nome tradicional. É algo associado, não ao sintoma, não ao desejo, mas à pulsão, e o mesmo termo de passagem ao ato no-lo diz. Quer dizer, há algo da ordem da satisfação que, ao satisfazer-se nesse "personagem" de forma direta, deixa o sujeito sem lugar, enquanto que, por sua vez, o sujeito desejante está como esse sujeito mudo da pulsão. Efetivamente, é um sujeito que não pode nos dizer quase nada, salvo nos mostrar, em ato, essa curiosa satisfação muda que lhe dá este "personagem" particular que desempenha.

Aqui é onde é maior o risco de errar. Isto é apresentado sob as espécies do *i(a)* e há que esquecer-se do *i* minúsculo, porque se nos ocupamos dos ideais, do narcisismo em seu sentido habitual, da beleza, do emagrecimento, da saúde, de qualquer ideal, aí necessariamente vamos para aquilo que solidifica esta posição. Há que se levar em conta que o importante aqui é a falta: o *a* que está entre parênteses, não o *i*, o *a* que é vestido por esse hábito que é o *i*.

Estas são, pois, apresentações do sujeito do lado da pulsão, não do lado do desejo, e o sujeito da pulsão é um sujeito mudo, cuja demanda é muda. Porém, nós só podemos analisar as demandas parolantes, as tagarelas. Já disse antes que Lacan, nesse mesmo seminário afirma que a análise faz mudar o paciente do "eu não penso" ao "eu não sou", a essa inexistência do eu que é o pensar inconsciente que gera perguntas. Este passo não pode ser dado sem as formações do inconsciente que são as que se situam do lado direito e o que se pode seguir nesse caso com certa clareza, é como começa a se esboçar esta passagem pela qual alguém começa a pôr em questão esta posição, e pô-la em questão implica, inexoravelmente, uma perda. Recordem que em "De um Outro ao outro" Lacan redefine a ferida narcísica como perda de gozo, não como perda de auto-estima, distanciando-se assim de Freud. Por quê? Porque justamente a perda de gozo comove o *i(a)*, o *a* e não o *i*.

Como se dá, nessa pessoa, esta comoção pela qual o sujeito começa a se desdobrar? Este é o ponto central. Observem vocês que oscilamos entre este personagem que se queixa desse mal-estar difuso e várias passagens ao ato. Há que se ter presente que a bulimia pode, inclusive, assumir outras formas; pode assumir, por exemplo, a forma do comprar objetos, o que não é sempre, necessariamente, algo anal; assim como alguém se empanturra de alimentos, pode empanturrar-se de objetos de outro tipo. O importante é que, nessa pessoa, não é desse lado que começam a se dar as coisas, mas que começa um certo questionamento pelo qual a reclamação começa a ter conseqüências. Por exemplo: começam queixas por seu trabalho, diz que é muito para ela, retira-se um pouco do trabalho, só estabelece a decisão de um regime, de recorrer a alguém que se encarregue desse regime. O que me parece mais importante é que frente a esta necessidade de, de vez em quando, recuperar forças com a impulsão, começa a produzir-se uma virada da passagem ao ato (que Lacan situa precisamente do lado do "eu não penso") ao acting-out (que está do lado do "eu não sou"). Recordem que no acting-out o objeto está indicado, dirige-se a um Outro, da ordem de uma transferência selvagem, plenamente estabelecida, e este se assemelha, então, com o sintoma. Esta paciente começa a produzir certos acting-out. Aqui tem-se o direito de fazer uma pergunta, à qual tampouco vou responder hoje. Pode-se iniciar, nesses casos, uma análise sem essa passagem por um acting-out? Pode-se passar ao sintoma sob transferência de forma direta, sim ou não? Não sei se há uma resposta geral. Diria que nos casos que vi, parecia ser necessário um acting-out, que por sua vez tem algo de acting-in, porque em geral vincula-se com o desencadeamento da transferência. Mas, à diferença do famoso exemplo que Lacan analisa no caso de Kris, o homem dos miolos frescos, não estamos frente a uma falha do analista, mas este acting lhe dá o sinal de que já está colocado em posição analítica.

Nesse caso, esta pessoa tem um esquecimento e um esquecimento que não é qualquer, esquece-se do dinheiro para pagar. Creio que é importante porque dissemos que havia algo da ordem da perda que se produzia quando esta posição, na qual há ganho de gozo, se produz. Mas aqui a perda está deslocada para o dinheiro, está dentro do marco analítico e não há que se apressar em falar de qualquer traço anal por exemplo, coisa a que qualquer um poderia se sentir tentado. Em lugar de passar ao ato e comer, se esquece de dar de comer a alguém. Isto é, de dar-lhe o dinheiro. Por este ponto de vista é um acting, mas remete a um ponto que, como tal, alude a sua posição de objeto oral, sem atuá-lo, coisa que se produzia quando pagava regularmente. Como todo acting, nesse caso, este é corretamente sancionado e não interpretado e se diz a esta paciente que pague sessão por sessão, o que provoca uma primeira virada na análise. A sessão por sessão implica, nesse caso particular, creio, um ponto central que é, se quiserem, pôr em cena a perda, mas sucessivamente por em cena o "personagem" com que ela vem. Lacan quando fala de acting-out remete-o a *to act out* e diz que, por alguma razão, manteve-se o termo em inglês que significa representar lendo um personagem. Também podemos ler este acting como um lapso. Por este ângulo é um ato logrado, recuperado como formação do inconsciente pela intervenção, a sanção do analista. A partir daqui começam, não vou detalhá-lo porque creio que não é o mais importante, uma série de operações analíticas centradas no dinheiro, referidas ao número de sessões, aos reajustes, etc, cujo sentido é comover, nessa pessoa, este lugar, e que a perda do dinheiro seja vivida. O entregar o dinheiro já não é algo que a coisifica, que a imobiliza no lugar desse personagem, *i(a)*. Aqui enfrentamos todos os riscos de entrar no imaginário, de responder às reclamações imaginárias que isto provoca. Simplesmente há que fazer operar uma perda, uma perda de gozo; dar o dinheiro não é, como no primeiro momento, signo de sua generosidade, mas algo já diferente. Trata-se de introduzir uma dimensão nova para esta pessoa: pedir-lhe dinheiro não é ser o analista desinteressado, implica comover a consistência do Outro, porque um analista desinteressado não pediria dinheiro. A própria paciente dá um indicador através dos esquecimentos, indica que algo se passa com o dinheiro, que este não entra dentro da série de objetos orais de um modo automático, mas que há alguma diferença.

Imediatamente produz-se um duplo efeito. Por um lado a paciente começa um regime com alguém que se encarrega de "adubar" seu narcisismo o quanto for necessário com grupos e outras coisas, com o que o analista pode se sentir tranqüilo deixando que certas transferências laterais operem onde devem operar, enquanto não interfiram na análise. Começa a emagrecer e, simultaneamente, um primeiro Outro começa a tornar-se inconsistente sob a figura de seu marido. Este bom senhor não tinha mudado em nada, continuava sendo exatamente o mesmo, e ninguém de fora entende, começando pelo próprio marido, porque um dia essa senhora se revela como uma dama insatisfeita. Primeiro indicador de que já estamos em outro momento subjetivo. A paciente se revela insatisfeita, desiludida desse marido, inclusive tem algo que pode ser caracterizado como uma "depressão", que deve ser relacionada com a perda de ganho de gozo da situação anterior. Passa um longo período no qual tampouco fala de si mesma; no qual basicamente critica os outros e, especialmente, o marido. Deixa de trabalhar e, portanto, tem que pedir dinheiro ao marido. Então as coisas mudam de lugar; ela se transforma em alguém que demanda. Pode-se dizer que da senhora visivelmente irritável por seu mal-estar caracteropático e seu peso, se transforma em uma "enchedora de saco" decidida, com o que se pode dizer que, pelo ângulo da adaptação, a análise é um fracasso. Por que dizemos que está melhor?

Obviamente está melhor, começa a ter mudanças físicas muito chamativas e começa a perguntar-se sobre uma dimensão que nunca havia aparecido, que tampouco agora aparece de forma direta, mas que aparece através de uma série de sonhos, aparece em um semi-dizer, em que se pergunta se ela pode causar o desejo de alguém. Ela satisfazia antes, em sua cabeça, as demandas ao Outro, em uma posição que sustentava o Outro, um Outro cuja verdade era o gozo, mas que não era o Outro do gozo como gozo sexual. Encontramo-nos agora com uma mulher insatisfeita, insatisfeita sexualmente, insatisfeita com seus filhos, farta de seus filhos, que descobre que tinha uma quantidade notável de filhos, incluindo sogros, seus pais, em fim..., uma longa lista. Sacode toda esta gente de cima, digamos que as sacode junto com os quilos e a medida que vai perdendo quilos o protesto aumenta velozmente.

Agora já não se trata de lhe dar razão, mas de perguntar-lhe o que ela teve que ver com esta posição. Algo muito diferente da posição inicial. É nesse momento onde começa algo, junto com a insatisfação, que é da ordem da criação do espaço da falta, que assume formas muito diversas. Por exemplo, aparece precisamente a idéia de faltar ao outro, que se traduz nas ameaças de separação, que por um momento chega a ser quase uma separação: de faltar-lhe o analista, mas já não é a falta do esquecimento do dinheiro, não é sustentar um analista desinteressado, cuja verdade não tem fissuras, mas é perguntar-se acerca de seu lugar no desejo do analista. A resposta aqui, tampouco, é em palavras, é em atos; se lhe aumentam as sessões ou um encontro extra. Nessa época começa a se estabelecer, são dois anos e tanto de tratamento, algo que se assemelha realmente a uma análise. Sonhos, associações, trabalho analítico, que é a etapa na qual esta pessoa está instalada agora. Quer dizer que passou com distinção do "eu não penso" ao "eu não sou", com alguma coisa que é, evidentemente, que a impulsão cede, começa a se produzir mais acting-out, mais lapsos e menos passagens ao ato. Começa a aparecer algo da ordem do sintoma, começa a aparecer algo da ordem da virada para a insatisfação; momentos de prevenção do desejo, que não marcam uma fobia estrutural, mas a virada, como diz Lacan, entre estruturas. Aparecem inibições, que são definidas como inibições, e aparecem perguntas. Aparecem, inclusive, recordações infantis que ainda continuam sendo trabalhadas. O que fica claro é que se produziu algo que afeta a consistência do Outro, e ao *a* como aquilo que lhe oferece consistência, e que precisamente o Outro começa a aparecer como desejante na medida em que, pouco a pouco, vai se delineando a pergunta: posso faltar-lhe? "Posso faltar-lhe?" indica um furo no Outro. O "posso faltar-lhe" se transforma depois, sucessivamente em um "me faz falta". Este "me faz falta" não estava presente antes, porque na posição em que estava esta mulher, nada lhe fazia falta, no sentido literal da frase em castelhano, quer dizer nada lhe fazia furo, que é o que cria essa sensação de impenetrabilidade, que se descreve tão grosseiramente na contratransferência.

 Aqui o risco de erro fundamental é a queda no imaginário, dado que a atitude mais freqüente é que os analistas saquem a broca e tratem de furar a pedra; entenda-se: de comover a golpes e fazer um furo à força. Já não se faz sob a forma da análise das resistências, coisa que aprendemos a não fazer graças a Lacan, mas sob uma forma mais "moderna", e se chega à conclusão de que essa pessoa é inanalizável, de que não tem um desejo resoluto ou algumas outras versões que tranqüilizam, a nós, os psicanalistas. Precisamente esta é a tentação principal a que se há que resistir. Não é nossa função cavar a falta. Porque cavar a falta é o que faz a própria estrutura. A falta está na estrutura, não se há que cavá-la. Qual é a nossa função? É promover a passagem da opção alienante do "eu não penso" ao "eu não sou". E, portanto, produzir necessariamente uma perda de gozo, que pode ou não, segundo os casos, ser vivida subjetivamente como uma depressão. Não é obrigatório que seja vivida como uma depressão. Nesse caso adquiriu certo tom de depressão. Mas o que é importante é que apenas neste momento a paciente começa a sentir como uma falta não ter sessão. Foram necessários três anos para que alguém chegue a sentir que não ter uma sessão é algo que o afeta. Antes o analista podia atender, não atender, etc, o que em todo caso podia provocar certa irritação, imaginária ou não, segundo as situações, mas não existia a sensação de alarme frente à ausência do analista.

Até o momento em que se produz esta virada na transferência, era a paciente que estava no lugar de um objeto que devia obturar um Outro, ou seja, fazê-lo consistente. Apenas quando se produz essa virada, o analista começa a mudar como analista para a posição de objeto. Podemos apenas pensar no estabelecimento de uma neurose de transferência que começa a estabilizar-se, e, depois, o novo problema será "liquidá-la"; mas esse é outro problema. Nesse momento em que o analista começa a fazer falta está esboçado esse referente latente que, de algum modo, tem a ver com o desejo da paciente.

Aqui é onde se abre uma interrogação, que não tem resposta até que esta análise avance mais e que não sei se o fará alguma vez. Esta posição de objeto que garante a consistência do Outro, este personagem, este "caráter" no qual esta mulher chegou instalada, nada nos assegura que seja seu fantasma fundamental. De modo tal que temos que nos perguntar, novamente, que relação há entre o eu, o mais-de-gozar e o axioma fantasmático, para ter um pouco mais clara qual é a diferença entre essa paciente e um perverso, por exemplo; entre esta paciente e sua peculiar apresentação, ou também, entre esta paciente e um psicótico que, igualmente, pode vir colocado no lugar de objeto. A primeira conclusão que podemos tirar é que vir colocado no lugar de objeto não é patrimônio de nenhuma estrutura. Freud o formula, em "Bate-se numa criança"; está dito taxativamente por Lacan em "A lógica do fantasma", e culmina como tal nos desenvolvimentos que Lacan fará, posteriormente, em torno da diferença de gozos. Creio que estão claras as três etapas; a partir do que aqui se observou, não se pode concluir acerca do fantasma fundamental desse sujeito. Podemos concluir que algo nos diz acerca dos sujeitos que vêm colocados nesse lugar, e que vêm muito freqüentemente como chegam à consulta as crianças, o que não significa que sejam infantis. Vêm colocados na posição que se popularizou como "objeto do Outro", mas cuidado, só na medida em que dão consistência a este Outro, na medida em que estamos com um adulto a quem ninguém traz, mas que simplesmente está incomodado com essa posição, podemos pensar isso que descrevemos hoje aqui.

IV

Hoje vamos retomar o quadrângulo de "A lógica do fantasma", onde Lacan vincula o "eu não penso" com o Isso e o "eu não sou" com o inconsciente, quer dizer, que o primeiro está articulado com o desejo e o segundo com a pulsão. Nesse quadro, surge a seguinte pergunta: Por que Lacan toma como paradigma o *cogito* cartesiano? Suponho que recordarão que estão presentes na obra de Lacan diferentes interpretações do *cogito* cartesiano.

A importância que tem esta versão (na qual se aplica ao *cogito* a lei de dualidade de de Morgan) consiste em que ao transformar o cogito em um "ou eu não penso ou eu não sou", Lacan introduz dois elementos diferenciais. Primeiro: situa de um modo novo a relação entre o objeto *a* (em sua dimensão de gozo: como objeto pulsional) e o ser; segundo: articula esse objeto *a* com o $(-\varphi)$, quer dizer com o falo e a castração. É o que no Seminário "A angústia" Lacan situa como a função da detumescência, aquilo que põe limite ao gozo e que se articula simultaneamente com o pensar.

Do lado do *a*, Lacan situa o ser (é um ser que igualmente será "falso ser"), e do lado do falo, situa o pensar. Se de um lado está o Id, do outro está o inconsciente. Mas, qual é a articulação que o *cogito* cartesiano privilegia para permitir esta diferença?

Aqui é onde entra outro elemento, que Lacan já havia trabalhado várias vezes, que é a correlação entre o *cogito* cartesiano e o nascimento da ciência. Para Lacan, a instauração do *cogito* é inseparável da fundação da ciência, no sentido da ciência moderna.

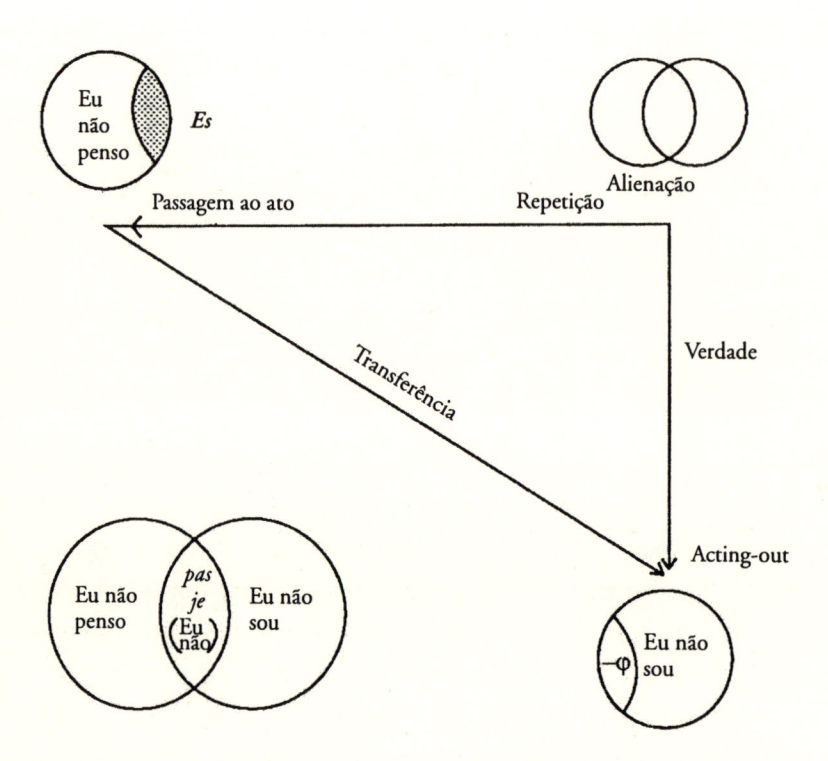

Porém, se partimos desse ponto, podemos pensar que o *cogito* instala uma novidade, que se situa historicamente na mesma época em que surge o *moi*. Há insistentes alusões de Lacan ao século XVII como, por exemplo, sua referência a La Rochefoucauld, e também a outros moralistas que criticavam o amor próprio, como fundamento dessa forma particular da subjetividade moderna que é o *moi*. O *si mesmo*, poderíamos dizer também.

Mas o *moi* é correlativo desse outro movimento que é a instalação do eu (*je*). Este é, para Lacan, o ponto de origem, estrutural, não histórico, necessário para fundar a existência disso que chamará o sujeito do inconsciente. Não é que o *je* seja o sujeito, esclareço-o, é o que permitirá, em todo caso, a Freud conceitualizar esse sujeito do inconsciente.

Nesse sentido, "o passo cartesiano", como o chama Lacan, é ao mesmo tempo *pas*, passo e *pas*, negação, "não".

Descartes instaura isso que é necessário para o surgimento da ciência, que é o *je*, Lacan define explicitamente o *je* como um conjunto vazio (quer dizer conjunto que não contém nenhum elemento), inlcusive o diz com uma metáfora, que tomo textualmente do seminário, a esse *je* "nada o mobília", não há nada em seu interior. Este conjunto vazio que é o *je* tem uma característica: postula sua existência, seu ser, diz Lacan, como forma de desembaraçar-se do problema da interrogação sobre o ser que tinha caracterizado a filosofia até então. O rechaço da questão do ser é, pois, o que caracteriza o nascimento da ciência. Este rechaço se ajusta à definição que ele mesmo havia dado da *Verwerfung*, isto é, da foraclusão. Trata-se aqui da foraculsão do sujeito, que fica assim reduzido a este conjunto vazio, que nada tem em seu interior, o que condiciona (como sempre que há uma foraclusão) que algo retorne no real. O que retorna no real é o que especificamente Lacan chama o detrito, o resíduo, os restos, o lixo, que deixam as civilizações humanas. Estes restos, graças à ciência, se multiplicam até o ponto de que a localização das lixeiras nucleares é, nesse momento, um problema grave: onde pôr o lixo da produção da ciência?

Deste modo, a verdade da alienação não é o que crê o marxismo, nem o que acreditava Hegel; a verdade da alienação reside, precisamente, nesse resíduo. Esse resíduo que é o objeto *a*, é o que não serve para nada, não sem razão é resíduo. Este já não é um conceito de alienação como alheamento no Outro, como um estar presa do Outro, como ser dependente do Outro, termos que Lacan explicitamente rechaça, mas que implica algo muito diferente que é a criação de uma nova forma social correlativa da ciência: o mercado.

O mercado tem uma função muito particular; não se trata de qualquer mercado porque, como sabem, o mercado persa existiu. Não necessitamos esperar a civilização ocidental para conhecê-lo, os dias de mercado existiam na Idade Média. Creio que não há civilização onde não se tenha conhecido. Mas o mercado anônimo, com leis próprias, com uma espécie de Outro que regula os intercâmbios, um Outro barrado ao qual prefere-se pensar não barrado, e ao qual se lhe supõe um sujeito maquiavélico que o maneja desde não se sabe onde, quando como qualquer Outro não implica um sujeito, este mercado é basicamente um mercado de saber, onde o saber pela instalação da ciência torna-se mercadoria.

Na medida em que o sujeito foracluído retorna como desejo ou como produção dos *gadgets* da ciência (que são eminentemente descartáveis), nesse ponto de retorno como resíduo se produz o que Lacan chama o silenciamento do gozo.

Este é um ponto importante e Lacan estabelece uma diferença entre o silêncio do gozo e o que poderíamos chamar o calar-se da pulsão.

Se voltarmos a Descartes, a relação "tortuosa" que está presente desde os pré-socráticos entre o pensar e o ser é deixada de lado, recusada e, cito a fórmula de Lacan, "é substituída pela instauração do ser do eu (*je*)".

Voltemos ao caso da aula passada, pois, é nesse ponto onde aparece uma característica que apresenta essa paciente, esta sim, generalizável. Não é generalizável a forma de entrar em análise, mas é generalizável como posição subjetiva de todo sujeito falante: o que é o generalizável? Já Lacan (a primeira referência a isto a têm em "A identificação") quando fala da conclusão cartesiana "penso, logo sou" qualifica o eu (*je*) como uma passagem ao ato. Recordo que a primeira vez que o li me causou assombro, por que essa dedução filosófica era considerada uma passagem ao ato? Esta tese do Seminário "A identificação" continua sendo válida no Seminário "A Lógica...", onde já é mais precisa. Lacan diz ali que frente à formulação tradicional "penso, logo existo", o que há de se questionar é a conexão lógica representada pelo "logo" (o *ergo* latino). Por quê? Porque esta forma de conexão lógica é equivalente à implicação material estóica. A implicação material é a seguinte: "se e somente se *a* então *b*". Com uma característica: a tábua de verdade da implicação é sempre verdadeira, salvo em um caso: 1) do verdadeiro infere-se o verdadeiro; 2) do falso pode-se inferir o verdadeiro; 3) do falso pode inferir o falso; 4) mas o que não é possível é que do verdadeiro se infira o falso. De modo tal que basta assegurar o "eu penso", dirá Lacan, para que a conclusão seja necessariamente verdadeira. Se o eu penso é verdadeiro, necessariamente o eu sou também o será. Por sua vez, invertendo o argumento (porque toma duas formas diferentes em dois momentos diferentes) pode-se dizer que se a conclusão é verdadeira o "eu penso" pode ser falso, ou pode ser verdadeiro e dar a conclusão verdadeira.

Por que Lacan insiste nesse problema da implicação? Porque de um pensamento falso pode-se inferir uma conclusão verdadeira, e isso é algo que, para Lacan, será válido para a interpretação. De uma interpretação falsa pode-se tirar uma conseqüência verdadeira e, de fato, Lacan dedicará mais adiante vários seminários para discutir este problema da implicação em sua relação com a interpretação.

Porém, aqui o que Lacan sublinha é que a instalação desse eu (*je*) implica, portanto, estabelecer um "ser do *je*". Então, "eu penso, logo eu sou" cobra sua importância, não do penso nem do sou, mas do eu, (*je*).

Quando Lacan faz a transformação com base na negação de de Morgan, "ou eu não penso ou eu não sou", o que mostra? Mostra que a negação recai sobre o eu (*je*). Isto é, que há um pensar sem *je* e um ser sem *je* (sem eu). Então, a escolha primeira, forçada, da alienação, nos remete ao pólo que está marcado na linha superior do quadrângulo (pág. 80 no original), como o da alienação, com uma flecha dirigida para o "eu não penso"; Lacan diz que é a escolha obrigatória da alienação para todo sujeito.

O problema ao qual me referi na reunião passada é o da dificuldade que estabelece o fato de que alguém chegue à análise situado nessa posição, mas há que se esclarecer que esta posição na estrutura não é obviável, é uma escolha forçada e, inclusive, Lacan em "A Lógica do Fantasma", diz que o lado do Isso, do "eu não penso", existe esse modo "exemplar" — e observem que a palavra é exemplar — de instauração do sujeito, que é a passagem ao ato. A passagem ao ato aparece definida aqui como uma instauração do sujeito. Pode-se ir aos antecedentes mais imediatos, ou não tão imediatos, mas, em todo caso, o que a mim me parece mais significativo é o que Lacan já diz em "A angústia", onde sustenta que a passagem ao ato, no que se refere a fórmula do fantasma, situa-se sempre do lado do sujeito e o caracteriza como momento de máximo embaraço, de máxima emoção, no quadro de dupla entrada que faz dos afetos e acrescenta: "é o sujeito enquanto apagado ao máximo pela palavra que o barra". Voltando à "A lógica do fantasma", temos que, necessariamente, o próprio sujeito implica uma passagem ao ato em seu ponto inaugural, em seu ato inaugural. Certamente, isto nos afasta muito da conotação psiquiátrica de passagem ao ato. Dado que a opção alienante obrigatória o leva até o "eu não penso", até o pólo do Isso como instauração do ser do eu, nos deparamos com um problema que é o que descrevi como obstáculo ao início da análise, mas que também é um dos obstáculos mais importantes em seu curso, mesmo que possa ter começado sob o modo tradicional e sem muitos problemas.

O que isto implica? Isto implica que os casos que descrevi nos são especialmente difíceis quando isto aparece no princípio, mas o que dizia ao final do caso que apresentei não impede que a outra face desse caso sejam aqueles outros casos nos quais este ponto — sigo referindo-me às neuroses — torna-se a maior resistência à análise. É o ponto em que um sujeito pode inclusive dar por pseudo-terminada sua análise. Veremos por que digo pseudo-terminada.

Se voltarmos agora ao esquema, vemos que o característico da operação analítica é inclinar o sujeito a partir da opção alienante, para o lado da outra opção, para o lado que Lacan caracteriza enfaticamente como impossível, inicialmente, para o sujeito, que é a escolha do "eu não sou". Quer dizer, a escolha do inconsciente aí onde na outra vez situava o acting-out.

A linha que vai da alienação até o inconsciente, Lacan a caracteriza como operação verdade. Do lado da alienação como primeira opção temos outro ganho, outro benefício, que é o gozo da posição inicial do "eu não penso". Este ponto de gozo como o caracteriza Lacan — a palavra que usa é "ponto" — é algo que se opõe à verdade; opõe-se, se olharem o grafo (pág. 80 no original), pelo sentido em que os vetores estão orientados diferentemente, em meio a que há um vetor diagonal, que é o vetor da transferência. Este vetor da transferência terá que ser a resultante das outras operações, mas a transferência como tal, como atualização do inconsciente — definição que certamente recordam do Seminário XI — é algo delimitado a esta altura e é delimitado na medida em que, a partir da passagem ao ato, se produz algo que podemos caracterizar como fundamental na obra de Lacan, que é o surgimento do conceito de ato analítico. Não vou entrar agora no detalhe do conceito de ato analítico, queria somente referir-me a alguns pontos que fazem a relação do gozo com a verdade.

O objeto *a* é definido em "A lógica do fantasma" de duas maneiras contraditórias. Por um lado, Lacan o chama a verdade da estrutura. Por outro lado, Lacan o chama ponto de gozo, todavia, não é um mais-degozar. O problema do valor de gozo já aparece claramente estabelecido nesse seminário. A questão aqui é a seguinte: se dizemos que do lado do inconsciente temos o "eu não sou", desse lado se abre um pensar sem eu, porque se dissemos que o "não sou" afeta o eu, o que não existe é o *je*. Isto Lacan havia visto desde o Seminário II, inclusive, retoma a mesma palavra que usou nesse seminário, quando analisa, por exemplo, no sonho de Irma, a dispersão do eu do sonhador nos diferentes personagens do sonho, caracterizando-o como uma mistura de sujeitos, como um sujeito policéfalo, como a impossibilidade de um sujeito ter uma única cabeça. Então, do lado do inconsciente temos um pensar sem *je*, entenda-se, um pensar sem sujeito. É para esse lado que se orienta a técnica da associação livre, que permite a emergência de algo que é próprio do inconsciente: o efeito de verdade.

Porém, do outro lado, do lado do Isso, do lado do "eu não penso", há um ser sem *je*. Lacan equipara esse ser ao Isso freudiano, ao *Es*, ao [Isso].

Esse "[Isso]" não é nem a primeira, nem a segunda, nem a terceira pessoa — entendendo sempre por terceira pessoa aquela da qual se fala —, Lacan nos oferece enunciados modelo disto, do tipo "[isso] fala", "[isso] chove", "[isso] brilha" e esclarece, imediatamente, que o problema destes enunciados é que se prestam a uma confusão ou a um erro, que é crer que o "[Isso]" enuncia a si mesmo; não há nada enunciado, a estrutura se enuncia sozinha.

O que caracteriza este "[isso] brilha", "[isso] chove" ou "[isso] fala" é algo cuja essência, diz Lacan, é "não ser eu", *pas-je*. E aqui vem um jogo muito difícil de traduzir e que é o eixo de toda a crítica que faz Lacan. Com isto quero lhes dizer que não tem nenhuma graça em castelhano, porque não tenho outra forma de traduzi-lo. Se ponho o "não" só perco o *je*, digamos, o *je* habitualmente obviado em castelhano. Então precisamente o *pas-je*, em sentido estrito, é aquilo que na teoria lacaniana substitui na estrutura a diferença eu — não-eu, no sentido do *moi* tradicional e no sentido freudiano do termo, tal como Freud pôde propor por momentos, por exemplo, em "Pulsões e suas vicissitudes".

Precisamente, esta inexistência do eu (*je*) do sujeito do inconsciente que Lacan caracteriza como um *pas-je*, quer dizer não eu (*je*), é aquilo que surge da interseção das duas negações. O que têm em comum o "eu não penso" e o "eu não sou" é que há um pensar que não tem *je* e há um ser que não tem *je*. Nos dois o que é negado em comum é precisamente o eu (*je*); e o importante é que é ali onde Lacan separa esta forma de "não ser do *je*", no nível do ser e do pensar, como Isso e inconsciente. Especificamente, o que caracteriza esse [Isso] é que não é nem a primeira, nem a segunda, nem a terceira pessoa, o diz com uma clareza pouco habitual, diz: "[Isso] é tudo aquilo que, no discurso, enquanto estrutura lógica, é *pas-je*, é o resto da estrutura gramatical, é o suporte do que está na pulsão". Lacan acrescenta depois: "o suporte do que está em jogo na pulsão, isto é, no fantasma". É a primeira vez que Lacan articula desse modo pulsão e fantasma. Já havia falado do fantasma sustentando o desejo, agora aparece o fantasma justamente como sustentação da pulsão. O que indica isto? Indica, temporariamente, um novo estatuto do fantasma, que não estava presente anteriormente. Retoma e modifica, assim, o que estava presente no estádio do espelho, já que é no famoso L no circuito *a – a'*, onde estavam situados — recordam-se — o libidinal como tal e a fórmula do fantasma.

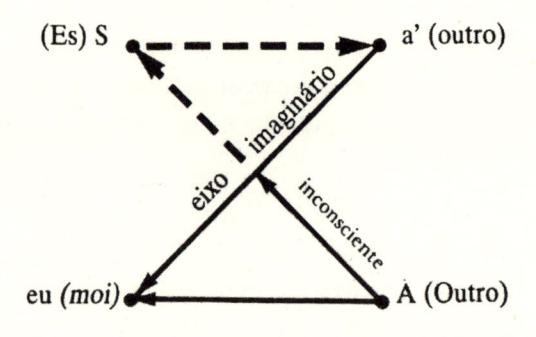

```
(Es) S •-------→ a' (outro)
         \         /
          \ imaginário
       eixo \     / inconsciente
            \   /
             \ /
             / \
            /   \
  eu (moi) •←----• A (Outro)
```

Agora voltam a se unir, mas em função de sua articulação em uma economia do gozo, que não é a mesma que a da libido objetal e narcísica.

O exemplo disso, do que está em jogo na pulsão no nível do fantasma, é "uma criança é batida", o tradicional exemplo freudiano. "Uma criança é batida" é uma frase que se mostra, mas que não se comenta. Respectivamente, convém recordar como Freud não pode delimitar, em "Pulsões e seus destinos", a pulsão sadomasoquista e o exibicionismo-voyeurismo sem uma passagem pela estrutura gramatical, especificamente pelos tempos verbais.

As estruturas gramaticais próprias da pulsão são o resto da estrutura lógica, nada têm a ver com o *pas-je*, elas dão sua lei à função do desejo. Esta formulação também é uma novidade. Nesse ponto, a opção alienante obrigatória do "eu não penso", quer dizer do Isso, dá como primeiro, logicamente, o Isso, e daí se seguem todas as conseqüências: quer dizer que dali surge a lei do desejo e a sustentação do fantasma.

As diferentes frases (referindo-se às frases gramaticais do estilo das que Freud trabalha em "Pulsões e seus destinos") determinam, conseqüentemente, modos distintos em que o sujeito se aloja nelas. Recordemos que a forma com que um sujeito se aloja na estrutura como $ barrado (com um máximo de apagamento, como dirá Lacan), é o que caracteriza o que chama posição subjetiva e, deste modo, o que caracteriza a defesa tal como Lacan a toma, por exemplo, no artigo sobre Lagache nos *Escritos*, ou, inclusive, em outros seminários, em que a defesa é definida como equivalente à posição do sujeito. Até agora essa posição do sujeito havia sido sempre relacionada com o sujeito do inconsciente. Agora, a posição subjetiva aparece articulada com a pulsão. Há, portanto, uma determinação pulsional da posição subjetiva que tem a ver com a defesa, como defesa entendida enquanto defesa primaria frente ao gozo; coisa que Lacan fala em *A ética...*, mesmo que ainda não seja articulada como algo próprio da instauração do sujeito, dado que, em tal seminário, está mais interessado no problema da Coisa.

Por que insisto tanto nisso? Porque o termo instauração subjetiva, que está presente desde "A identificação", em sua relação com o *cogito* cartesiano, culmina aqui, em "A lógica do fantasma", como o contraponto perfeito que dá a chave desse termo que já mencionei, que Lacan introduz na "Proposição de outubro de 1967 para a formação do psicanalista", que é o termo "destituição" subjetiva. Pode-se dizer que a destituição subjetiva é, precisamente aquilo que, do lado do sujeito, marca o final de análise como contraposto à "instituição" subjetiva da passagem ao ato.

Para que haja "ato" tem que haver destituição subjetiva, porque se não for assim, o que temos é "passagem ao ato" — vou me aproximando do problema pouco a pouco. Este *Es*, que é o resto da estrutura lógica, e que determina a posição do sujeito e por essa razão determina, por sua vez, as distintas posições vinculadas como fantasma, aparece — Lacan o define assim — como um complemento cuja função fundamental é, precisamente, a de obturar a falta no Outro. Isto é, obturar a inconsistência no Outro, um não querer saber acerca do A barrado, (Ⱥ).

A essência do *Isso*, que é a estrutura gramatical, implica uma *Bedeutung*. Recordem que quando falei da *Bedeutung*, assinalei o sentido ambíguo que lhe dá Lacan seguindo Frege, para quem é, por um lado, a significação e, por outro, o referente. Quando Lacan fala do Isso, se refere à *Bedeutung* como referente. Introduz, respectivamente, uma espécie de neologismo, o que chama um "pensamento-coisa", condensando as duas palavras, ou, também, "representação de coisa" no inconsciente. O problema da representação de coisa está muito detalhado em *A Ética*..., onde é identificada com o significante. Aqui, por outro lado, toma aquilo que faz referência às coisas, à Coisa como referente fundamental, não às coisas realistas, mas a esse referente particular que é o objeto *a*. Precisa que não se trata de coisas indizíveis, mas, precisamente, de coisas delimitadas por um dizer. Quando se produz o movimento pelo qual se passa, através da operação verdade, do "eu não penso" ao "eu não sou" do inconsciente, e se esboça a possibilidade da destituição subjetiva, o que se mostra é que a opção do Isso é afetada pelo que seria o contraponto da destituição subjetiva, o destino do analista ao final da análise, que é o "desser". O "desser", ao qual já me referi, como destino do analista, implica a queda do sujeito suposto saber, quer dizer, a queda da transferência. A análise da transferência é, precisamente, a eliminação do sujeito suposto saber e sua redução a esse desser, que é puro vazio, que é, por sua vez, resíduo, que é o objeto *a*.

Mas, para ir um pouco mais devagar, o que é, precisamente, que caracteriza o inconsciente? É uma *Bedeutung*, entendida agora como uma significação (Lacan remete ao seu artigo "A significação do falo"), retomando o conceito de castração pela perspectiva da alienação. Em "A lógica do fantasma" a operação castração se situará no quarto vértice.

A castração é, aqui, correlativa da subjetivação da satisfação sexual. O que quer dizer isto? Que o problema, em psicanálise, quando falamos de satisfação, é que supomos um sujeito que se satisfaz. A satisfação subjetiva necessita, para produzir-se — esse é o ponto importante —, da castração. Não há genitalidade nem sexo, como insistirá Lacan, só há castração e sexualidade. O falo, o $(-\varphi)$, sua significação, é aquilo que fracassa em chegar a articular, no nível do inconsciente, um pensamento adequado à relação do sexo.

Aqui aparece a primeira formulação de Lacan que antecede ao "não há relação sexual", que é "não há ato sexual". Pode-se dizer: porque não há ato sexual, há ato em seu sentido mais geral, diferente da motricidade e da ação reflexa.

Isto nos leva a um novo pólo. Lacan equipara, nesse ponto, duas coisas: a alienação e a repetição. Existe uma nova forma de tratar a repetição que caracteriza este seminário. Por quê? Porque, primeiro, Lacan retoma algo já conhecido que é que memória e repetição não são a mesma coisa; inclusive, que são o contrário; que a memória é homeostática e que a repetição é anti-homeostática e está mais-além do princípio do prazer. Quer dizer que a repetição não pode ser deduzida das coordenadas do princípio do prazer. Segundo, para que haja repetição, tem que haver certo desdobramento temporal que exige uma primeira e uma segunda vez; com uma única vez, não há repetição possível. Associado diretamente com a compulsão à repetição, Lacan postula que "o metabolismo da pulsão ou das pulsões, e a função do objeto como perdido, estão relacionados com a repetição". O que quer dizer isto? Que a alienação obrigatória do Isso no "eu não penso" e na operação verdade em direção ao lado do inconsciente, são duas formas diferentes do sujeito se apresentar no que diz respeito ao *não-je*, ao não-eu; uma no nível do inconsciente e outra no nível do Isso. Mas ambas têm como condição a repetição; reencontramos, assim, a separação entre a *tyché* e o *automaton*. A *tyché* está do lado do "eu não penso" e o *automaton* está do lado do "eu não sou".

O que vemos surgir nesse ponto do desenvolvimento de Lacan, é que a realidade do sexo aparece como aquilo do qual não dá conta nem o inconsciente, nem o Isso, na medida em que não há complementaridade homem-mulher a nível significante, senão através de um elemento terceiro que é o falo. O que significa que não há ato sexual? Não há ato sexual é equivalente a dizer que há sujeitos e que um sujeito deve se assumir em seu sexo e em sua relação com a sexualidade. Para se assumir em sua relação com a sexualidade, o sujeito necessita de algo no nível significante que lhe sirva de padrão de medida, esse padrão de medida é o falo.

Lacan, há muito, falou do falo e de seu valor de troca; o encontramos no Seminário IV onde há referências explícitas a Lévi-Strauss e à gênese como tal do valor através da troca falos-mulheres-crianças na cultura. Conhecemos esse valor do falo, é o que gera o valor da mulher como objeto fálico, criando um objeto particular que circula no mercado; quer dizer, em um lugar onde certos valores podem circular. Isto é fundamental em relação ao conceito de demanda. O objeto na demanda adquire este valor, é um valor compartilhado que lhe oferece o caráter de dom.

Já em "A angústia", Lacan havia estabelecido o objeto privado, particular, que é o objeto *a* como causa, como não compatível com o objeto de troca. Volta a retomar esta não compatibilidade, e substitui a antinomia marxista tradicional "valor de uso-valor de troca", por outra antinomia que é a que pesa em psicanálise, a qual se situa entre o valor de troca e o valor de gozo. Esta é a primeira aparição do termo valor de gozo que será, dois anos mais tarde, o mais-de-gozar.

O que é que interessa a Lacan aqui? Interessa-lhe a economia da pulsão. Mas a economia da pulsão não é uma economia energética é, como lhes disse na primeira reunião, uma economia política do gozo e, como toda política, se articula com uma política de discursos.

Lacan toma e reformula o conceito de mais-valia de Marx e o conceito de unidade de valor, baseado no fato de que o valor não se produz pela equiparação de dois elementos homogêneos. Na produção de valor há dois elementos que são heterogêneos entre si. O próprio do valor de gozo é ser um valor heterogêneo ao valor de troca, porque não pode circular. Lacan introduz os dois sentidos em que usa a palavra gozo: 1) "gozar de", que significa gozar de um bem como propriedade, ponto em que o gozo vira uma metáfora de gozo e a propriedade, isto é, vira ao nível do intercâmbio ou do valor de troca e 2) gozar como gozo próprio do corpo.

No primeiro sentido fala-se de que se goza de uma mulher, isto é, que se a possui. O valor de gozo como gozo do corpo, circula no nível do processo primário, sendo o fundamento econômico do inconsciente. Esta economia do gozo implica uma energia que lhes é própria. O termo energia é uma óbvia alusão a Freud, mesmo que Lacan remeta a Aristóteles.

Volto a algo que havia deixado em suspenso antes; quando Lacan introduz "o ato", assinala que "o ato" é aquele ponto em que o sujeito se cala. Estabelece, então, que entre calar e silenciar há uma distância, porque o calar diz "não libera o sujeito da linguagem, mesmo que a essência do sujeito culmine nesse ato", e (formula que havia mencionado da outra vez) "quando a demanda cala a pulsão começa".

Este valor de gozo é um valor mudo enquanto cala, não enquanto está em silêncio. O que Freud chamava o silêncio da pulsão tem aqui uma dimensão diferente, a satisfação subjetiva não provoca a fala. A fala provoca o desejo, não a pulsão. Por isso quando o sujeito começa, não importa em que momento de um percurso analítico — inicio, final, meio ou em momentos distintos em uma mesma análise —, a entrar nessa dimensão em que a pulsão começa a desempenhar um papel, não tem nada a dizer, e isso é certo. Por isso Lacan situará, ali, o ponto de máxima resistência. Esta satisfação calada pode, muito facilmente, não estar no início para instalar-se, depois, no processo analítico. A instalação dessa satisfação muda, calada, não silenciosa, no processo analítico, terá conseqüências muito importantes porque gerará essa outra forma de resistência que, mais tarde, aparecerá na obra de Lacan e que será denominada gozo do blá-blá.

O sexo se apresenta como um enigma para o sujeito. Pode-se dizer que assim como há possibilidade, no nível do desejo (ou de suas formas variáveis, impossível, insatisfeito e precavido), de identificar-se com o desejo do Outro, não há, por outro lado, forma de identificar-se com a satisfação do Outro. Este é, quiçá, o limite no qual esta satisfação aparece marcando um ponto de real, fundamental, como impossível, porque é, por sua vez, um ponto de identificação impossível. O sujeito pode identificar-se com o desejo do Outro; a histeria o revela, Freud descreveu-o, não é novidade. Mas quando Lacan diz: não há gozo do Outro, está referindo-se não só a que o Outro do significante é um Outro que é um deserto de gozo, que está esvaziado de gozo, mas, que com o gozo do Outro não é possível identificar-se da maneira como nos identificamos com o desejo de algum Outro na histeria.

Este ponto de não transferência do gozo tem um limite; esse limite está dado pelo fato de que o gozo se transfere, sim, mas no interior do processo primário. Isto é, Freud mesmo falava da transferência de gozo, é o sentido que Lacan dará em *Radiofonia* à metonímia, mas, precisamente, essa idéia da transferência de gozo dentro do processo primário implica um gozo absolutamente auto-erótico, coisa que, finalmente, forma parte da estrutura freudiana da pulsão. Isto é, da pulsão parcial como eminentemente auto-erótica.

Neste ponto preciso, a castração é reformulada do seguinte modo: a castração como tal implica a proibição do auto-erotismo e, especificamente, do auto-erotismo fálico. Esta proibição do auto-erotismo é o que dá sua importância e seu lugar à pulsão parcial.

A interdição do auto-erotismo, em qualquer de suas formas, começando pela forma princeps, que é a do falo, é uma operação de subtração desse gozo calado, quer dizer, produz perda de gozo. Na medida em que produz perda de gozo cria, simultaneamente, a possibilidade de sua recuperação, mas de uma recuperação que a esta altura da obra de Lacan está representada, basicamente, pelos pontos de gozo que são as quatro formas do objeto *a*. O objeto quando funciona nesse lugar de recuperação de gozo, enquanto implicando uma satisfação calada, por um lado, e não uma realização, marca o fantasma como diferente em sua articulação com a pulsão em relação a sua articulação com o desejo por outro. Por quê? Porque esta interdição do auto-erotismo, que daqui pra frente começa a ter um peso cada vez mais forte em Lacan, implica articular o auto-erotismo como o contrário da troca. É o que, em algum momento posterior de sua obra, chamará gozo autista e este gozo, que não é o gozo da relação sexual nem do ato sexual, implica um ganho ao qual o sujeito, quando recorre a análise, deve renunciar. Mas deve renunciar a ele para recuperá-lo de uma forma diferente.

Há certos caminhos da repetição, do voltar a percorrer os circuitos facilitados, para dizê-lo em termos do "Projeto...", que são inseparáveis do conceito de gozo. Este percurso dos mesmos caminhos faz a satisfação subjetiva. Portanto, a repetição não é algo de que o sujeito se liberte em análise: pelo menos da compulsão à repetição estrutural não há liberação. Este é um dos pontos que Lacan chamará pontos incuráveis da estrutura. O *automatom* e a *tyché* não são obviáveis.

Este problema de tornar a percorrer os mesmos caminhos para tornar a encontrar uma satisfação, não uma realização, culmina em algo que é, quiçá, problemático e que tem a ver com uma frase de Lacan que diz que o desejo se encarna como castração, isto é, como $(-\varphi)$ e o ato (agora já o ato psicanalítico) se constitui como um fingimento pelo qual o analista esquece sua experiência como analisando e aquilo a que ficou reduzido o sujeito suposto saber em tal experiência. Fingir esquecer seu ato é ser causa desse processo, isto nos leva ao próximo ponto, com o qual queria terminar.

Por que quando Lacan faz todas estas formulações, que se relacionam com o final de análise, por que este momento é correlativo a sua teorização do ato analítico por um lado, e correlativo por outro, à proposta, quiçá, mais original que existe no campo psicanalítico acerca do que é uma sociedade analítica? Todos estes temas, em Lacan, são solidários de uma reflexão e são mais ou menos contemporâneos ao período que vai desde a fundação da Escola freudiana de Paris, em 1964, à "Proposição de outubro de 1967...", em que institui o passe como procedimento.

O final de análise é algo muito comentado, mas tenhamos claro que é um termo que Lacan impõe com uma pregnância particular. O que se costuma esquecer é o contexto no qual o tema do final de análise assume um peso central e para quem. Basicamente quem assume este peso são os psicanalistas.

Quando Lacan escolhe o termo "Escola" faz uma referência explicita às escolas de filosofia antiga. Em "Kant com Sade", publicado em 1963, que não é o momento da redação original, texto correlativo ao Seminário *A Ética*..., encontramos, nos primeiros parágrafos, uma frase que diz assim: "A alcova sadiana pode ser equiparada a esses lugares nos quais as escolas de filosofia tomaram seu nome, Academia, Liceu, Stoa". Refere-se, respectivamente, à Academia de Platão, ao Liceu de Aristóteles e à Stoa dos Estóicos sendo estes os nomes dos ginásios onde se reuniam as escolas.

A alcova sadiana é uma escola comparável a essas porque "Aqui, como lá [quer dizer na alcova de Sade da mesma forma que nas escolas de filosofia antiga], prepara-se a ciência retificando a posição da ética".

Lacan ambicionou fundar uma Escola, uma Sociedade analítica, na qual "se preparasse a ciência retificando a posição da ética", por isso falou de uma ética da psicanálise e não de uma ética do psicanalista. Porque, precisamente, não há nada mais fácil, quando se passa da ética da psicanálise à ética do psicanalista, que cair geralmente em lições acerca do que deve ser ou do que não deve ser um psicanalista. O problema aqui é qual é o dever daquele que está encarregado de conduzir a um bom porto esse processo particular que se chama uma análise. Bom porto que à diferencia do que esperavam as escolas clássicas de filosofia, que esperavam desembocar na sabedoria, no ideal do sábio, na fusão, na contemplação, ou no que fosse do ser supremo; o que produz a psicanálise é a derrocada desse sujeito suposto ao saber, que é o sábio, o ser supremo ou Deus, de acordo com os nomes que queiram lhe dar.

Lacan insiste, não há possibilidade, a partir de Freud, de um retorno ao pensamento do ser; todo retorno ao pensamento do ser que implique desconhecer a relação fundamental entre o significante e a sexualidade, entre a pulsão parcial como sexualidade polimorfa, perversa, auto-erótica e a inexistência do ato sexual, implica, necessariamente, cair no ocultismo de Jung, e cita a famosa frase de uma carta de Freud a Jung acerca do rio de lodo do ocultismo.

A insistência de Lacan não é casual, porque o lugar da psicanálise é solidário do lugar da ciência. Onde se prepara a ciência, se forclui o sujeito. Aí está o psicanalista e está a psicanálise. Ali estão as novas problemáticas éticas que vão surgindo, e a esta lei não escapa a própria psicanálise.

Quando Lacan propõe sua tese da historicidade do inconsciente e da historicidade das resistências, por exemplo, o que marca é que a função de uma Escola de psicanálise é, precisamente, a de não só garantir que seus membros sejam capazes de conduzir uma cura, mas também a de assegurar — não garantir, precisamente — que se produza em seu contexto, o questionamento permanente daqueles pontos de real como impossível, onde o psicanalista, na cura analítica e fora dela, é convocado uma vez que exerce a psicanálise.

V

Queria iniciar hoje retomando o quadrângulo apresentado na página 50, ao qual me referi na terceira aula, no vértice superior esquerdo, onde se situa a alternativa alienante "ou eu não penso ou eu não sou", e onde encontramos situada a repetição. Vou deter-me nesta função da repetição, que Lacan retoma em sua exposição do Seminário "A identificação", quer dizer, em termos de traço unário.

Existem temáticas que insistem em sua presença no que diz respeito à repetição. Em primeiro lugar, nunca está ausente, nas considerações de Lacan, a diferença entre a repetição freudiana e a memória entendida como adaptação vital. Se, por outro lado, vemos despontar a insistência de Lacan em articular a repetição freudiana com o gozo, vemos articular-se a problemática da repetição como repetição de gozo. Repetição de gozo que não podemos deixar de relacionar com o que no Seminário XI se apresenta como *tyche*, encontro fracassado, malogro do encontro com o objeto como perdido.

A repetição como *automaton*, como repetição da cadeia significante podemos rastreá-la no Seminário II, na série dos (+) e dos (-) (também presente nos *Escritos* em "A carta roubada"), série significante que determina o sujeito, da qual o sujeito é efeito e não agente.

No que diz respeito à relação entre repetição e gozo, é imprescindível introduzir a dimensão do ato em sua articulação com a repetição. Esta articulação tem como ponto de partida o questionamento de Lacan ao conceito de ato sexual que, não se deve esquecer, é um questionamento a todas as teorizações psicanalíticas em torno da "genitalidade" ou, melhor ainda, de seu mito. Nesse ponto Lacan propõe o problema invertendo seus termos habituais (os das conceitualizações psicanalíticas), pois, sua pergunta pode formular-se assim: como a relação sexual pode se constituir como ato no ser falante?

Tendo presente esta pergunta devemos, primeiro, retornar à repetição. Entre as considerações que insistem no percurso lacaniano, encontramos a íntima relação estrutural entre o objeto perdido freudiano e a repetição, dado que aquele constitui o fundamento mesmo da repetição. Portanto, a reconsideração da repetição é solidária da reconsideração do objeto *a*. Objeto que se apresenta, agora, não só como resto, mas, também, como produto. O objeto *a*, já o dissemos, articula-se, deste modo, com a produção e não com a criação significante. No Seminário XVI, "De um Outro ao outro", referindo-se à pulsão, assinala que, através do conceito de pulsão, a psicanálise chegou à descoberta dos meios de produção da satisfação pulsional, vale dizer, do gozo, meios que já foram conceituados (Seminário XI) como montagens pulsionais. A montagem pulsional é, pois, um meio de produção da satisfação. Isto supõe que, na pulsão, a satisfação produzida implica um sujeito que se satisfaz com ela e, além disso, que tal satisfação "faz as vezes de", "ocupa o lugar de", esse vazio criado pela inexistência do ato sexual. As expressões "faz as vezes de" e "ocupa o lugar de", são formas de traduzir essa difícil expressão que Lacan usa em francês: *tenant lieu*, expressão que, às vezes, encontrarão erroneamente traduzida como lugar-tenente. O próprio horizonte de constituição da pulsão é a impossibilidade do ato como ato sexual. Precisamente, a dificuldade é formulada em termos de quão problemático é articular, no ser falante, a satisfação e a dimensão subjetiva. É ali onde a sexualidade perversa polimorfa de *Três ensaios* se situa, substituindo o ato sexual entendido como complementaridade de ambos os sexos.

Já no Seminário XI Lacan caracterizou o sujeito pulsional em termos de uma subjetivação acéfala. Podemos situar esta subjetivação acéfala em relação à opção alienante "ou eu não penso ou eu não sou", do lado da escolha do Isso, do "eu não penso", onde encontramos um ser sem eu (*je*) que, ao positivizar-se, se apresenta como característico do sujeito da pulsão. Temos aqui a conjunção entre a lógica e a corporeidade, entre a lógica alienante e o corpo. Esta conjunção produz esse gozo de borda próprio da pulsão que ocupa o lugar da impossibilidade do ato sexual.

É, então, em torno desse furo central, desse vazio central, da Coisa, que o sujeito estrutura, em relação a essa satisfação de borda, "uma logística da defesa" na pulsão; logística que corresponde às diversas posições subjetivas frente ao gozo pulsional. Nesse dispositivo situa-se, a repetição, como repetição de gozo.

Nesse contexto se inscreve a relação entre ato, gozo e repetição. Definitivamente, tal como o assinalamos desde a primeira reunião, a promoção do gozo na clínica é inseparável da articulação da pulsão com a série passagem ao ato – ato – acting-out. Não acho muito difícil situar esta tríade em relação com o que, em Freud, se expressava em termos da estreita relação que guarda a pulsão com a motricidade. Não é à toa que o seminário sobre o ato inicia-se com uma crítica a toda concepção empirista e biologista que reduza o ato a um reflexo ou a um pólo motor da resposta de um organismo. Não é ingênua, em Lacan, a transposição do conceito de resposta à dimensão significante, coerente com sua conservação do termo ato, ressituado não como a resposta do organismo ao *Umwelt*, mas como implicação da subjetividade, produto da captura significante na ação humana. Em sua análise de Hamlet no Seminário VI, uma vez diferenciada a confusão teórica que sustenta a noção de fantasia inconsciente, própria do kleinismo — confundir a fórmula do fantasma, $\$ \lozenge a$ com a fórmula da pulsão, $\$ \lozenge D$, confusão presente no eixo $a - a'$ do esquema L —, a dificuldade do neurótico frente ao ato é o ponto de partida de uma releitura da demanda a partir de seu fundamento pulsional, que abre o caminho para os desenvolvimentos sobre o gozo do Seminário *A ética*... É por isso que a relação demanda-pergunta é retomada no nível do grafo mostrando como o ato implica o sujeito do significante no circuito do ganho e perda de gozo, ou seja, da satisfação pulsional. A motricidade transforma-se, torna-se compromisso do sujeito no ato com essa satisfação que substitui a satisfação da complementaridade sexual.

O sujeito no ato nos é apresentado com o duplo laço da repetição: o oito interior topológico no qual o significante "parece" significar a si mesmo. Não devemos esquecer de sublinhar esse "parece", dado que o significante — Lacan o disse de mil maneiras —nunca significa a si mesmo. É o duplo laço que dá a chave desta formulação, na medida em que é repetição do significante em um único traço, repetição pois que, por ser em um único traço, em um único movimento, não implica a descontinuidade significante, não implica o intervalo, mas a manutenção da continuidade. Nessa repetição, então, na qual em um único movimento traçam-se dois laços, repetição, insisto, que faz surgir um dois que não é mais que um, isto é, que é alheia a toda unificação, a todo fazer do dois Um, o sujeito pode surgir "[...] como equivalente [prestem atenção, não diz idêntico] a seu significante, mesmo que por isso não esteja menos dividido". Equivalência não é identidade.

Todo corte que produz esta repetição acarreta uma mutação do sujeito, altera sua posição subjetiva. Qual é a mutação, a alteração produzida no sujeito, só será apreciada uma vez realizado o corte. Assim, a antecipação do ato, não necessariamente, dá conta do essencial do mesmo: suas conseqüências. O ato, no qual o sujeito persiste como dividido, só pode ser definido como tal, *a posteriori*, por suas conseqüências. Para qualificá-lo Lacan utiliza o termo *Verleugnung*, termo que em Freud, com sabem, é solidário da perversão e que foi traduzido como renegação ou desmentido. Se escolhe este termo é, precisamente, porque lhe permite caracterizar a ambigüidade dos efeitos do ato. Ambigüidade que impede o sujeito de reconhecer (retenham a reaparição do reconhecimento), não se trata de conhecer os efeitos do ato, devido justamente à mutação experimentada pelo sujeito. Um ato verdadeiro é inseparável da modificação da posição subjetiva, modificação que impede ao sujeito re-conhecer-se nele.

Desse modo o sujeito que "comete" o ato — convém guardar este "cometer" com seu remetimento ao penal —, necessariamente, encontra modificada sua posição, não reconhecendo-se ali onde está. A *Verleugnung* não é, pois, para Lacan solidária da perversão, mas constitutiva do sujeito em sua divisão por ação do significante. O ato não é, pois, unificação do sujeito; pode-se dizer, inclusive, que o ato é correlativo, no nível do eu (*moi*), a certa despersonalização, que indica este não se reconhecer, este se desconhecer. Isto é, que o ato tem o desconhecimento ou o limite ao reconhecimento do sujeito como seu correlato. O alcance inaugural do ato é não reconhecido pelo próprio sujeito que o executa e, ao qual, modifica.

Esta dimensão do ato é inseparável da inexistência do ato sexual; há ato, em geral, por que não há ato sexual, sendo este o ato em que o sujeito — não o organismo biológico — poderia fundar-se como ser sexuado. Tudo na experiência analítica, sublinha Lacan, atenta contra esta possibilidade. No Outro do significante falta — já desde o seminário dedicado às psicoses — o significante de "A mulher", esse significante que seria o complemento do significante "O homem", que permitiria dizer para todo homem, para toda mulher. Portanto, para a pergunta à qual nos referimos inicialmente, a pergunta acerca de como, no ser falante, pode se fundar a relação sexual como ato, não como conduta reflexa, motora, etc., a resposta é a impossibilidade do ato sexual.

Esta impossibilidade traça o horizonte no qual se emoldura a sexualidade pulsional freudiana, torna-a possível a partir dessa mesma impossibilidade. Deve-se a isso que, para o ser falante, a sexualidade substitua o sexo e o falo assuma a função de significante que permitirá uma assunção precária, nos ensina a experiência psicanalítica, da relação sexual para ambos os sexos. O falo situa-se, pois, no pólo de uma unificação de dois em um que adquire um caráter ideal, precisamente porque é um real entendido como impossível lógico. As conceituações psicanalíticas situam-se nessa perspectiva ideal, elevando o falicismo à categoria de genitalidade, reintroduzindo clandestinamente essa unificação na relação sexual que a castração freudiana demonstra impossível.

Não encontramos no saber inconsciente nenhuma resposta ao ato sexual, nenhuma possibilidade de fundar o ser como sexuado que escape ao fundamento do significante fálico. Ao nível do inconsciente o ato sexual faz furo, não há resposta ao ser como sexuado. Lacan diz claramente em sua resenha do Seminário "A lógica do fantasma" (*Reseñas de enseñanza*, Manatial, Bs. As., pág. 43) "[...] não há ato sexual, com o subentendido: que atenda aos requisitos para afirmar no sujeito a certeza de pertencer a um sexo". Este furo remete não ao desejo, mas ao gozo, ou seja, à satisfação. Fica claro que não há instauração do sujeito como sexuado no ato sexual.

Se a psicanálise tradicionalmente encontra a significação sexual em qualquer parte, o pós-freudismo, ao renegar a primazia fálica, se enredou em fazer existir o ato sexual sob o pretexto da "genitalidade"; inclusive confundindo a sexualidade pulsional ligada ao objeto *a*, essa *a*-sexualidade dirá Lacan, com o fundamento de uma sexualidade genital modelada, no caso do kleinismo, por exemplo, sobre o seio e não sobre o falo, substituição em última instância do falicismo por um objeto significante seio, que "faz as vezes de" significante de A mulher. Daí em diante uma mulher só pode ser mãe.

As dificuldades com a satisfação levam a caracterizar o sintoma, que no grafo, recordo-lhes, situa-se em s(A), como modalidades da insatisfação. Novamente podemos seguir o fio freudiano se recordamos isso que Freud denominou benefício primário da enfermidade em sua relação com o sintoma. Ponto que designa a infiltração do sintoma pela satisfação, ou seja, pelo gozo que o exibe como rebeldia ante a insatisfação. Essa infiltração do sintoma pelo gozo introduz uma dimensão que escapa ao sintoma definido como metáfora, que remete a essa dimensão que a histeria promoveu sempre a um primeiro plano, mediante essa logística que lhe é própria, a da conversão, a dimensão do corpo como suporte necessário do gozo.

Esta dimensão do corpo como suporte do gozo leva a pensar em um Outro que já não é o Outro do significante, Outro lugar da verdade — ao qual sempre remete o sintoma neurótico —, mas um Outro sede do gozo. A marca significante tem como superfície primeira o corpo, essa etiqueta, dirá Lacan, esse lugar onde escrever. Somente a inscrição da marca na superfície do corpo introduz a castração entendida como perda de gozo: variante da alienação que estabelece um vel alienante entre corpo e gozo.

Se a opção alienante nos leva primeiro do lado do "eu não penso", do lado do Isso, do lado do pulsional, já temos ali uma reduplicação da alienação por ação da marca significante sobre o corpo que separa corpo e gozo. Operando a marca, a escolha obrigatória é a do corpo, ficando, tão somente, o gozo como recuperação de uma perda sob a forma desse mais, essa superioridade de gozo, que Freud já delimitou a nível pulsional. São as montagens pulsionais do corpo, essas que bordeiam o furo da Coisa, as que serão meios de produção desse mais-de-gozo que o objeto *a* captura. O gozo — supostamente todo — recupera-se por uma re-produção na montagem pulsional. Mas o gozo todo, o da relação sexual se ela fosse possível, esse gozo não existe. O mais-de-gozar é correlativo do não-todo da verdade; se o um se recupera como superioridade, a outra só pode se dizer pela metade. Este corpo marcado pelo significante é um corpo subjetivado, precisamente essa subjetivação acéfala da pulsão. Mas, dali em diante, o sujeito fica prisioneiro da marca, é sua vítima, fica a sua mercê, e o gozotodo escapa levando com ele esse objeto estruturalmente perdido que é o objeto do desejo em Freud (que não por acaso nasce na classicamente chamada experiência de satisfação), esse que não se consegue falar, deixando como vestígio o furo da Coisa, *a*-sexuada ela, em cujas bordas se forma a produção dessa superioridade de gozo que a pulsão recupera. Nada mais indicado, pois, que o termo "parcial" para qualificar a pulsão; sua satisfação, o gozo que produz, não será sempre mais do que parte desse gozo perdido, todo, que nunca existiu, ali, onde impera o significante, exceto como mito retroativo. É nesse ponto que o gozo de borda passa a ser equivalente desse gozo sexual, gozo que seria todo se existisse. Gozo parcial que satisfaz a um sujeito, não a um organismo biológico, que supõe ao sujeito no funcionamento da pulsão como sujeito de uma satisfação alheia à necessidade biológica.

O objeto *a*, então, poderá ser, enquanto objeto perdido, causa do desejo, dividir o sujeito, cindi-lo; mas será, assim mesmo, lugar de captura do mais-de-gozar na satisfação pulsional. Sua função de causa vincula-se com a perda; sua função de mais-de-gozar vincula-se com a recuperação da perda. Reúne em si, paradoxalmente poderia-se dizer, a perda e a recuperação.

O gozo da pulsão parcial penetra, portanto, estruturalmente, a castração como operação de um vel alienante entre gozo e corpo. O mais-de-gozar como recuperação não é, então, a transgressão da castração, pois sua própria existência articula-se com a castração, lhe acata. Onde ouve operação da marca significante sobre o corpo há perda de gozo e, nesse sentido, castração. Por operar-se esta perda, o gozo torna-se valor de gozo, pois essa perda é anulação de gozo.

Esta marca sobre o corpo, essa marca que leva consigo sua libra de carne, se quiserem, remete ao traço unário, mas incluído agora em um novo contexto. Esta marca, solidária do gozo, permite reformular o problema que classicamente foi proposto em psicanálise em termos de ferida narcísica. Ela se demonstra como o fundamento dessa ferida, na medida em que se apresenta como cicatriz dessa ferida originária da marca sobre o corpo. O termo "cicatriz" é proposto por Lacan como o apoio simbólico, significante, da ferida. A cicatriz é, precisamente, cicatriz pulsional, sutura de borda, que a ferida narcísca encobre. Encontramo-nos, pois, em uma dimensão em que o narcisismo, o estádio do espelho mesmo, têm como fundamento a subjetivação que introduz a marca, a cicatriz pulsional, cicatriz sobre a qual poderá logo instalar-se o eu (*moi*).

Qual é, então, a relação entre esta marca, produto da castração como separação do corpo e o gozo, e a castração em sua relação com o falo? Pode-se responder que a castração, incluindo aquela que recai sobre o falo, torna-se interdição do auto-erotismo. Nesse contexto não deve surpreender que Lacan se refira ao "objeto falo", pois, pelo ângulo do auto-erotismo, o falo nada tem a ver com aquilo que remete à reprodução, à relação sexual, às estruturas do parentesco, elementares ou não.

Esta formulação da castração como interdição do auto-erotismo, serve a Lacan para zombar de certas formulações filosóficas a partir de um contraponto entre auto-erotismo e relação sexual. A perspectiva em que Lacan escolhe a relação sexual envolve, necessariamente, um "para Outro", vale dizer, a inclusão do *partenaire*. Esse para outro, que no falanteser implica a outro sujeito, algo assim, se poderia dizer, como um sujeito suposto ao Outro sexo, ao introduzir essa suposição de sujeito, nos leva à outra escolha da alienação, aquela que se marca pela operação verdade e cujo vetor culmina no vértice do "eu não sou" do inconsciente, no qual a impossível significação do sexo é substituída pela significação fálica.

Este "para outro" se opõe ao "para si" da primeira escolha, a do "eu não penso", própria do auto-erotismo e do que, entre aspas, pode qualificar-se como um gozo "autista".

O "para outro" revela o *partenaire* como também marcado pelo significante e remete, sem dúvida, a esse $S(\cancel{A})$, a esse rechaço, que assinala a verdade do Outro como a castração, o não há Outro do Outro, a ausência de metalinguagem. Recordemos que, para Lacan, a castração é, primordialmente, castração do Outro, e, portanto em primeira instância, da mãe, tal como Freud o indica. Mas sobre este Outro já operou o esvaziamento de gozo, o que, na conjunção sexual humana, deixa aberta essa problemática dimensão que lhe é própria, a do ideal de gozo do Outro, do gozo do semelhante.

Nesse ponto faz sua aparição lógica o direito, o gozo se torna metáfora, se transitivisa, digamos, a partir da noção de possessão. Goza-se de... um bem, uma mulher, etc., tenta-se recuperar o gozo perdido do Outro através dessa possessão mesma, dessa metáfora. Quiçá nada mostre melhor este deslocamento do que o que o próprio Freud definiu como caráter anal, onde a passagem do gozo corporal à sua metáfora, a possessão do corpo, é muito evidente. Escapa, desse modo, a pergunta "aquilo do que se goza, goza?" Pergunta que, creio, não vale a pena insistir nisso, centra-se no gozo feminino.

É difícil deixar de observar a relação entre esta possessão, metáfora do gozo, e essa descrição que Lacan fez do Édipo, em função de uma lógica atributiva, em termos de ser ou ter o falo (encontram-na claramente em "Significação do falo"). A passagem à metáfora da possessão implica o desconhecimento da marca, da cicatriz e da perda inaugural do gozo.

Porém, por trás deste ser ou ter o falo, se esboça o falo do gozo, esse que, como objeto, se articula com o auto-erotismo que organiza, retroativamente, os objetos parciais. Por trás do falo do intercâmbio surge, de novo, o falo auto-erótico em sua íntima relação com o objeto *a*, lugar, por excelência, na conjunção sexual do *partenaire*. O tom zombeteiro de Lacan em torno da relação entre "pessoas", aponta para essa dimensão em que o sujeito esquece que o *partenaire* é "objeto", aquilo *com* o que se satisfaz, instrumento de sua satisfação. Assim, quanto mais o sujeito faz do Outro um sujeito, quanto mais o personaliza, se poderia dizer, inclusive quanto mais o humaniza, mais se aliena desse Outro como marcado pelo significante, e mais se encaminha para a obturação da castração do Outro, mais se aliena da verdade da estrutura, da inexistência do Outro sexo. O casal, pois, remete ao mito bíblico, o da costela de Adão, mas para ambos os sexos. Ali onde há primazia do falo, há promoção ao lugar do Outro, dessa parte que é o objeto *a*; primazia questionada pelo que se pode denominar "mito" moderno, o da sincronia dos gozos, próprio, dirá Lacan, de "almas bondosas".

Mas voltemos ao gozo e ao que Lacan qualifica como sua produção. A idéia de produção não é equivalente à de criação, pois, a produção não implica o *ex nihilo*, mas a transformação de algo existente. No nível da teoria econômica isto é claro, mas convém perguntar-se por que Lacan introduz esta diferença, o que exige certo percurso que culmina na introdução e desdobramento dos quatro discursos, pano de fundo do desenvolvimento do discurso analítico.

O conceito de produção, solidário do conceito de trabalho, implica a transformação de uma matéria prima. Qual é essa matéria prima em nosso caso? Se me permitem um pequeno rodeio, queria recordar-lhes que Lacan equipara o gozo com uma substância, uma *ousía*, a única válida em psicanálise, isto é, que não desdenha recorrer a, neste caso Aristóteles, recurso significativo. Significativo, pois Koyré, mestre de Lacan no que se refere à epistemologia, insistiu — da mesma forma que outros, não é o único — no obstáculo epistemológico que representou para a filosofia e a ciência grega, sua dificuldade para pensar em processos gerados a partir do nada. A filiação do conceito de criação *ex nihilo* — inseparável do significante —, filiação judaico-cristã, produz esse embrião peculiar que é a ciência ocidental ao cruzar-se com a tradição grega; poderia se falar de uma mútua fecundação dessas duas tradições, visível no neo-platonismo do Renascimento. Não obstante, tanto para Platão como para Aristóteles, uma criação sem matéria era da ordem do impensável, do impossível de conceber. Portanto, que em relação ao mais-de-gozar surja a dimensão da matéria que se transforma, é coerente com o fato de declarar substância ao gozo. Quando nos movemos na dimensão da criação não podemos falar de modificação, de transformação de matéria.

Porém, retomemos nosso fio. A matéria prima em jogo é o corpo, dado que, por definição, o gozo é gozo de um corpo; sem sua sede material, o corpo, não há gozo possível, quer seja perdido ou recuperado. Sobre essa matéria opera, em primeira instância, o significante produzindo a falta, vale dizer, a perda. Essa falta, essa perda que resumimos em psicanálise, a partir de Lacan, como não há relação-proporção sexual; esse furo da Coisa, interdição do gozo materno, do gozo desse Outro primordial, cuja borda, vimos, passa a formar parte da montagem pulsional encarregada de produzir a satisfação. Para produzi-la instalam-se sobre o corpo dispositivos significantes que o transformam em meio de produção. Por que não comparar esta transformação com o exemplo clássico de Lacan acerca das relações do real com o simbólico, no exemplo da usina que encontramos no Seminário IV? Assinala ali que nada menos natural que a energia produzida pela usina. Essa energia é produzida pela fórmula mínima que a define na física e que pressupõe um enorme dispositivo simbólico aplicado, chapado, sobre a natureza (o rio, o clima, etc.), sobre o real (entendido aqui como o exterior ao simbólico). O corpo como organismo biológico está situado, para nós, na mesma relação de exterioridade que a natureza em relação à usina: é, em psicanálise, um corpo mítico. Não obstante, cabe recordar que este organismo — parasitado pela linguagem — é o único ao qual pode-se conceder certa margem de autonomia, cuja intrusão detectamos, muitas vezes, nesse campo limite e enigmático que Lacan denominou psicossomático. Este real é heterogêneo ao significante e não pode ser equiparado com o real interno ao sistema simbólico; real que podemos definir como impossível. Pensado por esse ângulo, não pode escapar-nos a ingenuidade da proposição do Anti-édipo de Deleuze e Guattari por exemplo, que confundem o real do organismo e sua energética própria com a economia política da pulsão.

Podemos, então, tirar uma primeira conclusão: a criação *ex nihilo* é condição da produção. Mas, e este é um ponto essencial, não é a criação que faz sua aparição nos quatro discursos lacanianos, mas a produção. Retomarei este ponto mais adiante, mas queria, agora, tirar uma segunda conclusão que faz a própria estrutura do discurso analítico: a ausência de criação e a presença da produção nos mostram muito claramente por que Lacan sempre sustentou que a psicanálise não é uma sublimação.

Se voltarmos a essa substância que é o gozo e tivermos presente que Lacan sublinha que tal substância dever ser entendida aristotélicamente, deduziremos que ela não pode ser atribuída ou predicada de nenhum sujeito. Isto é, que não é um atributo, que resiste a se incluir em uma lógica do ser e do ter, apesar de que ela é, o sabemos, aristotélica. Este é um ponto que nos permite pensar que os desenvolvimentos de Lacan em torno do gozo seguem muito de perto seu desenvolvimento de uma lógica da quantificação da sexuação. Se a lógica atributiva convinha ao desejo, cujo significado é o falo, o gozo exige, por outro lado, essa lógica da quantificação, e é a partir dela que Lacan poderá explorar a multiplicidade possível de recuperações de gozo.

Deste modo, quando Lacan, no seminário sobre o fantasma, assinala que não se pode qualificar o gozo com um (+) ou com um (-), não faz mais que enfatizar esta dimensão substancial que o caracteriza. Podemos aplicar à série significante os (+) e os (-), mas não ao gozo, precisamente, porque este é uma substância, é matéria. O que podemos fazer com ela? Contabilizá-la, responde

Lacan. Aqui, um esclarecimento: a perda de gozo, a instalação do furo por ação do significante, seu recorte do corpo, a negativização, não se aplicam às recuperações de gozo, a elas, tão somente, podemos contá-las, registrar sua distribuição. Assim, em *Mais, Ainda*, vemos esboçar-se um gozo, o de mulher barrada, que se distribui em um espaço topológico, o da compacidade, e cuja contabilidade é a enumeração, a da lista, a do Don Juan mozartiano. Por esta razão a libra de carne de *O mercador de Veneza* não é uma metáfora: aponta para o pagamento necessário que exige a substância gozante.

Da mesma forma que a maioria das substâncias, a libra de carne não abunda, é escassa, e é o significante que determina sua própria escassez e a necessidade de sua produção. É escassa pois exige também avançar para além do princípio do prazer, nessa direção anti-biológica que Freud batizou pulsão de morte. Nesse sentido, a distribuição do gozo condiciona as práticas do prazer, mas enfatizemos, não está a serviço do prazer.

Os meios de produção do gozo, dissemos até o momento, são montagens pulsionais. Não obstante, no seminário dedicado aos quatro discursos, vemos delinear-se uma nova dimensão do gozo relacionada com os meios de produção. Efetivamente, Lacan retoma o saber inconsciente, o S_2, que havia instalado no nível do (A) do piso inferior do grafo, para situar nele um trabalho, trabalho que é necessário para a produção do mais-de-gozar. Qualifica, inclusive, o inconsciente, ironicamente, como o trabalhador ideal. Este trabalho produz mais-de-gozar — aqui fundamentalmente sob a forma do objeto *a* —, mais-de-gozar, produto que na estrutura de lugares do discurso encontra-se em disjunção com a verdade. Recordemos os lugares nos quatro discursos:

A dupla barra entre verdade e produção indica precisamente sua disjunção. Para além dos significantes que se situam nesses lugares, qualquer que sejam eles, por estarem situados ali, ficarão em disjunção. Essa disjunção é caracterizada por Lacan em *Radiofonia* "como o passo de real que sustenta de modo unívoco nos quatro discursos, tanto em seu progresso com em sua regressão" (refere-se aqui à rotação dos significantes em sentido progressivo ou regressivo, não a um progresso ou um regresso pensados linearmente), e o caráter "operatório" de tal passo de real é "uma disjunção que rompe a sincronia entre termos sempre diferentes, justamente por ser fixa [a disjunção]".

No discurso analítico o lugar da verdade é ocupado pelo saber da estrutura, S_2 e o S_1, o da produção. O importante para guardar é que ambos estão em disjunção e, portanto, não pode articular-se a cadeia significante. Nesse sentido, a produção de S_1 faz um contraponto particular com a produção do discurso do mestre que é o objeto *a*. Entre ambos os discursos vemos como agente e produção intercambiam lugares por um lado e, por outro lado, verdade e outro.

Esse saber que ocupa o lugar da verdade é ele quem produz as instâncias do S_1 do mestre, o objeto *a*. Esse saber inconsciente situado no lugar do outro, é esse trabalhador ideal, trabalhador que produz mais-de-gozar *a*, mas não verdade. Recordemos que Lacan equiparará, a partir de certa perspectiva, o discurso do mestre com o inconsciente, precisamente porque nele se produz a concatenação significante $S_1 — S_2$.

Porém, é o inconsciente que produz mais-de-gozar em seu próprio discurso, mais-de-gozar que, já o disse, funda-se, simultaneamente, em Freud e em Marx. Mais-de-gozar que é *Lustgewinn* em Freud, e que estabelece o valor de gozo e sua contabilidade como aquilo que subjaz à economia do saber inconsciente, que oferece o mecanismo mesmo do mercado como mercado da verdade. A estrutura exige um gasto, um dispêndio de gozo.

Aqui a disjunção dos dois lugares inferiores adquire toda a sua importância, pois ela recai sobre a verdade e a produção. Esta disjunção retoma o vel alienante sob a forma de verdade e mais-de-gozar, lugar respectivamente de um "eu não sou" e de um "eu não penso". A produção é, precisamente, a máquina não pensante; o pensar sem eu (*je*) é essa operação verdade que culminava, recordem-no, na castração. É a verdade como lugar que rege o discurso e que dá o sentido do trabalho, mas — e esse é o ponto — o trabalho não produz verdade. Precisamente, a verdade, onde quer que se produza, determina um esvaziamento de gozo, uma varredura de gozo. Assim, a verdade opera no sentido da castração, a introduz, mas também a apaziguá. Apazigua-a na medida mesma em que ela é esvaziamento de gozo e, desse modo, limite ao mais-além do princípio do prazer, serva, em certo sentido, do próprio prazer. O mais-de-gozar, pelo contrário, anula a verdade, a torna irrisória.

Em "O saber do psicanalista" Lacan enfatiza esta oposição entre gozo e verdade. Introduz ali uma nova denominação para os lugares próprios dos discursos que acentua a oposição que aqui nos interessa. Encontramos os lugares definidos do seguinte modo:

$$\frac{\text{Lugar do Agente / Semblante}}{\text{Lugar da Verdade}} \quad \xrightarrow{\;\;//\;\;} \quad \frac{\text{Lugar do outro / gozo}}{\text{Lugar da produção / mais-de-gozar}}$$

Observemos que o lugar da verdade é o único que não experimenta modificações. Encontra-se agora em disjunção, no lugar da produção que continua sendo tal, com o mais-de-gozar. Isto implica que em qualquer dos quatro discursos a produção é o mais-de-gozar, quer se trate do objeto a, do S_1, do S_2 ou do $\emptyset$. Portanto, o mais-de-gozar como recuperação através da produção, não é aqui patrimônio exclusivo do objeto a. Deve-se ter presente este retorno na escrita dos lugares nos discursos, na medida em que indica a generalização do mais-de-gozar, que assinala o objeto como sendo um dos pontos em que o gozo pode ser recuperado, mas não o único. Vale dizer, que em todos os discursos há produção de mais-de-gozar sob as espécies de cada um dos quatro significantes que os compõe.

Esse retorno contém, portanto, a diferenciação de gozos. Mantém, não obstante, a relação entre o mais-de-gozar e a produção e a distinção do mais-de-gozar com a verdade. A produção implica, simultaneamente, um trabalho e, como todo trabalho uma entropia, uma perda. A verdade não é o trabalho, mas ao contrário lhe dá seu sentido, não sua significação. A significação se coloca do lado da produção, não da verdade.

Temos, pois, que o saber inconsciente trabalha, já dissemos que Lacan o qualifica de trabalhador ideal, e, ao trabalhar, inclui-se entre os meios de produção de gozo. Aqui podem verificar a especificidade do gozo do blá-blá, do gozo da alíngua em uma só palavra, que faz do próprio significante aparato de gozo, mas aparato de gozo que não é equivalente às montagens pulsionais. Esta dimensão do gozo e sua recuperação nos introduz em um funcionamento dos significantes no inconsciente; funcionamento no qual a repetição tem uma função crucial. Tornar a percorrer os mesmos caminhos, as mesmas sendas no nível das "facilitações" inconscientes, não só, como se disse, remete à homeostase do narcisismo, ao freio que o princípio do prazer coloca ao seu mais-além, como pode ser, também, a sede de um gozo em que a repetição, como irrupção do gozo da marca, infiltra os próprios processos inconscientes, infiltração que faz da metonímia e da metáfora, processos de contabilidade do gozo, transferência a metonímia e condensação a metáfora. As formulações de *Radiofonia* conservam aqui toda a sua importância.

É, pois, no próprio ponto de perda onde devemos buscar a recuperação, nesse ponto de entropia do trabalho do saber se condensa e se transfere um mais-de-gozar que se apresenta como o desejo mesmo dessas sendas do *automaton*. A distinção taxativa, então, entre o *automaton* e a *tyché* em termos de gozo, é posta em questão. Irrompe no nível do saber inconsciente uma recuperação de gozo acerca da qual podemos nos perguntar se não se apóia ali a diferença entre o que Freud denominou cargas ligadas ou não ligadas no inconsciente. A dimensão do mais-além, do não ligado, não é por acaso essa dimensão onde a produção de gozo opera, onde o trauma se faz presente no interior mesmo da estrutura, tornando impossível sua temperança pelo princípio do prazer, vale dizer sua ligadura?

Esta pergunta, que procuraremos resolver no próximo ano, nos levará a percorrer o caráter na obra de Freud, e em outros autores, a partir da perspectiva que ela abre. O gozo que infiltra o caráter, o caráter como marca articulada com o gozo, indica o caminho pelo qual Lacan, na última etapa de seu ensino, reordena os modos de satisfação tal como o expusemos nesse conjunto de aulas e nos propõe novas interrogações e novas respostas que, quiçá, permitam dar conta dessas irrupções de gozo que são as impulsões e as caracteropatias.

Referências Bibliográficas

FREGE, Gottlob. *Sobre sentido y significación*, Editorial Tecnos, Madrid.
FREUD, Sigmund. *Obras Completas*, Amorrortu Editores, Buenos Aires.
– *Proyecto de una psicoloía para neurólogos*, Tomo 1;
– *Tres ensayos de teoría sexual*, Tomo 7.
– "*Introducción del narcisismo*", Tomo 14.
– "*Pulsões y sus destinos*", Tomo 14.
– *Más allá del principio del placer*, Tomo 18.
KNEALE, Martha e William. *El desarrollo de la lógica*, Editorial Tecnos, Madrid.
KRAMER, Edna. *The Nature and Growth of Modern Mathematics*, Hawthorn Books Inc., Nueva York.
LACAN, Jacques. *Escitos*, Siglo XXI, Buenos Aires.
– "Subversión del sujeto y dialéctica del deseo en el inconsciente freudiano."
– "Observación sobre el informe de Daniel Lagache."
LACAN, Jacques. *El Seminario*, Editorial Paidós, Buenos Aires.
– Libro II. *El yo en la teoría de Freud e en la técnica psicoanalítica*.
– Libro IV, "La relación de objeto."
– Libro VII, *La ética del psicoanálisis*.
– Libro XI, *Los cuatro conceptos fundamentales del psicoanálisis*.
– Libro XX, *Aun*.
LACAN, Jacques, *El seminário*, Livros inéditos.
– Libro VI, "El deseo y su interpretación."
– Libro X, "La angustia."
– Libro XIV, "La lógica del fantasma."
– Libro XV, "E lacto psicoanalítico."

– Libro XVI, "De un outro al Outro."
– Libro XVII, "El envés del psicoanálisis."
– Libro XIX, "...o peor", aulas reunidas sob o título "Saber del psicoanalista".

LACAN, Jacques. *Reseñas de Enseñanza*, Ed. Manantial, Buenos Aires.

LACAN, Jacques. "Proposición del 19 de Octubre de 1967 para la formación del psicoanalista." en *Momentos cruciales del psicoanálisis*, Ed. Manantial, Buenos Aires.

MILLER, Jacques-Alain. *Síntoma y fantasma*, Ed. Manantial, Buenos Aires.

MILLER, Jacques-Alain. *Matemas I*, Ed. Manantial, Buenos Aires.

MILLER, Jacques-Alain. *Matemas II*, Ed. Manantial, Buenos Aires.

MILLER, Jacques-Alain. "*Las respuestas de lo real*", Aspectos del malestar en la cultura, Ed. Manantial, Buenos Aires.

MILLER, Jacques-Alain. "*Síntoma y fantasma*", Curso inédito.

MILLER, Jacques-Alain. "*Respuestas de lo real*", Curso inédito.

RABINOVICH, Diana S., *La teoría del yo en la obra de J. Lacan*, Ed. Manantial, Buenos Aires.

RABINOVICH, Diana S., *El concepto de objeto en la teoría psicoanalítica*, Ed. Manantial, Buenos Aires.

SOLER, Collete. *Finales de Análisis*, Ed. Manantial, Buenos Aires.

OBRAS PUBLICADAS

Psicanálise e Tempo
Erik Porge

Psicanálise e Análise
do Discurso
Nina Leite

Letra a Letra
Jean Allouch

Mal-Estar na Procriação
Marie-Magdeleine Chatel

Marguerite ou
"A Aimée" de Lacan
Jean Allouch

Revista Internacional nº 1
A Clínica Lacaniana

A Criança na Clínica Psicanalítica
Angela Vorcaro

A Feminilidade Velada
Philippe Julien

O Discurso Melancólico
Marie-Claude Lambotte

A Etificação da Psicanálise
Jean Allouch

Roubo de Idéias?
Erik Porge

Os Nomes do Pai
em Jacques Lacan
Erik Porge

Revista Internacional nº 2
A Histeria

Anorexia mental, ascese, mística
Éric Bidaud

Hitler – A Tirania e a Psicanálise
Jean-Gérard Bursztein

Littoral
A Criança e o Psicanalista

O Amor ao Avesso
Gérard Pommier

Paixões do Ser
Sandra Dias

A Ficção do Si Mesmo
Ana Maria Medeiros da Costa

As Construções do Universal
Monique David-Ménard

Littoral
Luto de Criança

Trata-se uma Criança – Tomos I e II
*Congresso Internacional de Psicanálise
e suas Conexões – Vários*

O Adolescente e o Psicanalista
Jean-Jacques Rassial

— Alô, Lacan?
— É claro que não.
Jean Allouch

A Crise de Adolescência
Octave Mannoni e outros

O Adolescente na Psicanálise
Raymond Cahn

A Morte e o Imaginário na Adolescência
Silvia Tubert

Invocações
Alain Didier-Weill

Um Percurso em Psicanálise
com Lacan
Taciana de Melo Mafra

A Fantasia da Eleição Divina
Sergio Becker

Lacan e o Espelho Sofiânico de Boehme
Dany-Robert Dufour

O Adolescente e a Modernidade – Tomos I,
II e III
*Congresso Internacional de Psicanálise
e suas Conexões – Vários*

A Hora do Chá na Casa dos Pendlebury
Alain Didier-Weill

W. R. Bion – Novas Leituras
Arnaldo Chuster

Crianças na Psicanálise
Angela Vorcaro

O Sorriso da Gioconda
Catherine Mathelin

As Psicoses
Philippe Julien

O Olhar e a Voz
Paul-Laurent Assoun

Um Jeito de Poeta
Luís Mauro Caetano da Rosa

Estética da Melancolia
Marie-Claude Lambotte

O Desejo do Psicanalista
Diana S. Rabinovich

Os Mistérios da Trindade
Dany-Robert Dufour

A Equação do Sonhos
Gisèle Chaboudez

Abandonarás teu Pai e tua Mãe
Philippe Julien

A Estrutura na Obra Lacaniana
Taciana de Melo Mafra

Elissa Rhaís
Paul Tabet

Ciúmes
Denise Lachaud

Trilhamentos do Feminino
Jerzuí Tomaz

Gostar de Mulheres
Autores diversos

Os Errantes da Carne
Jean-Pierre Winter

As Intervenções do Analista
Isidoro Vegh

Adolescência e Psicose
Edson Saggese

O Sujeito em Estado Limite
Jean-Jacques Rassial

O que Acontece no Ato Analítico?
Roberto Harari

A Clínica da Identificação
Clara Cruglak

A Escritura Psicótica
Marcelo Muniz Freire

Os Discursos e a Cura
Isidoro Vegh

Procuro o Homem da Minha Vida
Daniela Di Segni

A Criança Adotiva
Nazir Hamad

Littoral
O Pai

O Transsexualismo
Henry Frignet

Psicose, Perversão, Neurose
Philippe Julien

Como se chama James Joyce?
Roberto Harari

A psicanálise: dos princípios
ético-estéticos à clínica
W.R. Bion – Novas Leituras

O significante, a letra e o objeto
Charles Melman

O complexo de Jocasta
Marie-Christine Laznik

O Homem sem Gravidade
Charles Melman

O desejo da escrita em Ítalo Calvino
Rita de Cássia Maia e Silva Costa

O Dia em que Lacan me Adotou
Gérard Haddad

Mulheres de 50
Daniela Di Segni e Hilda V. Levy

A Transferência
Taciana de Melo Mafra

Clínica da Pulsão
Diana S. Rabinovich

Os discursos na psicanálise
Aurélio Souza

Littoral
O conhecimento paranóico

Revista Dizer - 14
A medicalização da dor

Neurose Obssessiva
Charles Melman

A Erótica do Luto
Jean Allouch